Manual de transporte para el comercio internacional

Selección y gestión del transporte para la exportación

Cristina Peña Andrés

Con la colaboración de:

www.logisnet.com

Colección: Biblioteca de logística
Director: David Soler

MANUAL DE TRANSPORTE
PARA EL COMERCIO INTERNACIONAL
1.ª edición, 2016

© 2016, Cristina Peña Andrés
© de esta edición, incluido el diseño
de la cubierta, ICG Marge, SL

Edita: Marge Books
València, 558 – 08026 Barcelona
Tel. 931 429 486 - marge@margebooks.com
www.margebooks.com

Gestión editorial: Hèctor Soler
Edición: Cristina Torres Murillo, Alba Megías
Villanueva, Jorge Baro Olivero
Compaginación: Mercedes Lara
Impresión: Prodigitalk, SL (Martorell, Barcelona)

Edición impresa: ISBN 978-84-16171-14-9
Edición digital: ISBN 978-84-17313-32-6

Procedencia de las ilustraciones

Archivo MB, 79, 117, 121, 132b, 134d, 134b,
148, 164
Autoridad Portuaria de Gijón, 131
Barrufet, 147
Cargolux, 68
Casas Palets, 128, 168
Cimalsa, 63
Compañía Asturiana de Embalajes, 122
Consorci ZF Internacional, SAU, 25
Cualde, 30
DFID - UK, 158
Europe Container Terminals, 37
Francisco Fernández Sasiaín, 33, 162
Hupac, 66
IAEA Imagebank, 134a
Ivan Mlinaric, 35
J2 Servid, 123
Javier López Ortega, 85
Jgmorard, 182
Juanjo Martínez, 135
Marge Books, 46, 49, 51, 62, 150, 151, 155, 157
Mosca Direct Spain, 163
Nick Saltmarsh, 22
NOAA's National Ocean Service, 82
Pallets Chiva, 168
Port Containers, 134c
Recupalet Codina, 167
Shipphotos.es, 144
Toni Castillo Quero, 132a
Tristan Taussac, 153
U.S. Department of Agriculture, 146
Zona Franca Barranquilla, 26

El papel empleado en este libro no ha sido blanqueado con cloro elemental (CI_2).

A mis chicos: Alberto y nuestros hijos
Diego, Álvaro y Jorge.

Índice

La autora

Cristina Peña Andrés (Madrid, 1977), es ingeniero superior industrial por la Universidad Politécnica de Madrid. Cuenta con un MBA Internacional por la Universidad del Escorial (Real Centro Universitario Escorial - María Cristina), y con diferentes cursos universitarios y diplomas relacionados con el comercio exterior y la dirección de empresas.

Actualmente es directora sénior en una posición vinculada al comercio exterior, y a la logística y el transporte internacional en una multinacional del sector de la construcción que exporta a todos los continentes.

Al mismo tiempo es profesora de la Fundación ICIL, un referente en formación logística. Ha impartido numerosos cursos a profesionales, ha dictado ponencias en seminarios y ha colaborado en revistas sectoriales.

Es coautora del libro *Crédito documentario. Guía para el éxito en su gestión,* editado por Marge Books en 2015. A esta primera edición, le siguió una segunda en el mismo año, donde se incluyó un caso práctico desarrollado por completo.

Es autora del libro *Manual de transporte para el comercio internacional. Selección y gestión de transporte para la exportación,* así como de su anexo relativo a las nuevas enmiendas al Convenio SOLAS. También es autora del libro *Negociación para el comercio internacional* y de *Cómo participar en ferias comerciales.*

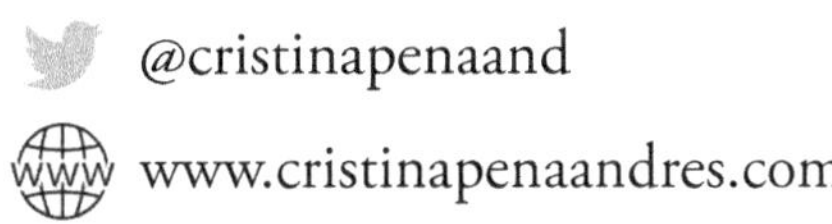

Agradecimientos

Tras la satisfactoria experiencia que supuso mi participación como coautora en la publicación del libro *Crédito documentario. Guía para el éxito en su gestión* (Marge Books, 2015), tuve la oportunidad de embarcarme, esta vez en solitario, en un nuevo proyecto también relacionado con mi experiencia en el comercio internacional.

Gracias principalmente a David Soler y a su equipo por confiar nuevamente en mí, por desafiarme a plasmar en un manual sencillo y claro todo el conocimiento relacionado con la operativa de la exportación, de la que he devenido experta después de años de estudio y dedicación exclusiva.

El fin de este libro es divulgar el conocimiento adquirido a otros compañeros de viaje, a quienes se inician ahora o a los que ya están inmersos en un mundo internacionalizado, a través de una síntesis trazada en varias líneas de trabajo, fáciles de seguir, donde se expone toda la labor, compleja y de una gran responsabilidad, que la exportación y la logística internacional conllevan.

Agradezco a mis compañeros de mi día a día lo que me aportan cada uno de ellos, para crecer como profesional y para ganar en experiencia y conocimiento. Gracias a mis compañeros de COXGOMYL, a los transitarios y transportistas que me acompañan en la gestión del transporte, a otros expertos en comercio exterior que generosamente ponen en común su conocimiento y asesoramiento, y a los técnicos de los bancos que ayudan y revisan nuestro trabajo para que las relaciones comerciales sean ágiles y generemos un negocio próspero.

Gracias a César del Castillo y a la Fundación ICIL por confiar en mí para su claustro de profesores.

Por último, el agradecimiento más importante, gracias a mi familia por quererme y comprenderme, por apoyarme en mi trabajo y permitirme el desarrollo profesional logrado en estos años, al tiempo que, con ellos he conseguido metas personales que me hacen sentir feliz.

Introducción a la exportación

Exportar es una de las operaciones cada vez más consideradas para la sostenibilidad y el desarrollo de las empresas. Actualmente, la exportación no solo ocupa a las grandes compañías, sino que también está al alcance de las pymes.

Cada vez más empresas están consolidando la exportación como una forma habitual de llegar a los clientes, aunque muchas iniciaron su andadura internacional arrastradas por seguir a la competencia o a los clientes allí donde fueran, o quizás gracias a un contacto que había llegado a través del correo electrónico o del formulario de la propia web (aunque una web no esté bien posicionada, siempre sorprende su alcance).

La exportación permite aumentar la cifra de facturación al contar con un mayor volumen de pedidos y puede proporcionar beneficios si se consigue incrementar la eficiencia en los lotes de producción y en los de envío. También puede ayudar a amortizar nuevas líneas de producción, maquinaria, naves u otros activos, ya que permite distribuir los gastos generales. Además, se suele obtener un mayor poder de negociación con los proveedores. En general, si se explotan correctamente los recursos y las capacidades, la exportación puede ser una solución estratégica. No obstante, crecer no siempre es la mejor solución ya que se puede morir de éxito si no se dispone de la estructura y financiación adecuadas, la correcta planificación de los recursos y, sobre todo, si la gestión del riesgo no está bajo control.

Exportar no solo es una forma de sobrevivir a las crisis o de convertirse en líderes de un sector, sino que puede ser otra forma de entender la empresa. Tiende a proporcionar una imagen fuerte de la marca porque exportar obliga a revisar muchos procesos internos, a planificar, a constatar por vía documental todo el sistema de gestión de la calidad que se haya implementado o a presentar los productos con mayor esmero. La exportación puede conducir a la mejora o al fracaso. Y la razón es que el cliente piensa de manera global, es mucho más exigente y puede comparar fácilmente.

La exportación permite ampliar la cartera de clientes de manera que se diversifica el riesgo comercial al contar con una tipología mayor de clientes en diferentes países. Esto hace que los ingresos provengan de distintas fuentes y que no se dependa en exclusiva de la situación económica de un grupo acotado, lo que conlleva que se reduzcan los impagos, y que se haga frente a mercados locales quizá maduros o con la demanda estancada desde hace años, con una competencia devastadora o con grandes protagonistas que no permiten que queden nichos libres.

La exportación permite luchar con un producto en nuevos mercados donde su ciclo de vida esté aún en fase de crecimiento o donde las tendencias de su consumo lo acojan favorablemente. Igualmente, será interesante allí donde la legislación local no restrinja su comercialización.

Los avances tecnológicos, la comunicación a través de internet y la facilidad para acceder a mercados exteriores son la clave que han hecho posible que exportar sea más sencillo.

La flexibilización de los procesos aduaneros, por ejemplo, a través de la presentación telemática de documentos, así como los tratados internacionales de libre comercio o los acuerdos bilaterales entre países, han contribuido a abrir las fronteras del mundo al comercio internacional.

Pero, decididamente, la mayor parte del éxito del comercio internacional se ha debido a la optimización de los costos en logística mediante unas tarifas competitivas, el ahorro de tiempos de tránsito, las combinaciones multimodales y el uso generalizado del contenedor como medio de transporte.

Capítulo 1

Transporte y logística internacional

1 La logística internacional en la empresa

Las tres actividades clave en la logística de una empresa son:

- **Almacenaje**: establecimiento de almacenes y localización de existencias.
- Cumplimentación de pedidos y **distribución.**
- Selección del modo de **transporte** y contratación y gestión del mismo.

Adicionalmente, en la logística internacional existen una serie de requisitos que es deseable que determinado personal de la empresa cumpla:

- Manejo de idiomas (el inglés es indispensable, el plurilingüismo resulta ventajoso).
- Conocimientos de *marketing,* comercio y transporte internacional.
- Habilidad en el trato personal (apertura a otras culturas, empatía, trabajo en equipo, etc.).
- Disposición a viajar con frecuencia.
- Destreza comercial y capacidad de negociación intercultural.

La distribución departamental que se decida en la empresa deberá cubrir, en cualquiera de los casos, los distintos bloques de tareas relacionadas con el comercio exterior y la logística internacional (véase la tabla 1.1).

Tareas administrativas y comerciales
Gestión de correo físico y electrónico internacional
Gestión comercial internacional: – Preparación de ofertas comerciales internacionales – Recepción de pedidos y gestión de contratos – Contratación y seguimiento de expediciones y transporte – Elaboración de documentación para aduanas – Colaboración con agentes o distribuidores – Contratación de seguros – Confección de remesa documentaria según el país
Facturación y cobro de operaciones
Gestión bancaria de cobros y pagos en operativa internacional
Cálculo de comisiones a agentes y gestión de su orden de pago
Marketing internacional: – Actualización de información sobre mercados potenciales – Desarrollo de planes de exportación con uso de *marketing mix*

Tareas de almacenamiento, distribución y transporte
Establecimiento de almacenes y control de existencias
Cumplimentación de albaranes, listas de empaque y distribución
Elección del modo de transporte y del transportista
Negociación y contratación de portes
Gestión documental y seguimiento del transporte
Coordinación de las entregas

Tareas de expediciones
Preparación de pedidos
Embalaje
Carga
Estiba

Tabla 1.1. Tareas de los departamentos relacionados con el comercio exterior y la logística internacional.

2   Los canales de distribución

Una empresa que desea introducirse en un mercado exterior debe plantearse desde el inicio la manera en que va a penetrar en dicho mercado. La **selección de la forma de entrada** dependerá de los mercados potencialmente interesantes, de los recursos disponibles, de los riesgos que se puedan asumir, del control que quiera ejercerse en las operaciones, así como del plan de *marketing*.

Las **variables** que entrarán en juego para elegir un canal de venta u otro son, por un lado, intrínsecas a la empresa (objetivos estratégicos, cultura corporativa, grado de internacionalización, recursos disponibles o control que se desea ejercer en la operativa, por ejemplo) y, por otro lado, relativas a la tipología de los productos que se pretende comercializar. Sin embargo, muchas veces serán razones externas las que orienten las decisiones hacia un camino u otro, las que restrinjan y marquen límites o costos a la ambición, como será el caso de la competencia internacional ya existente o las características de cada mercado con sus riesgos y sus reglas. Y a veces habrá barreras técnicas o aduaneras que limiten la rentabilidad o la viabilidad de una operación internacional.

En cualquier caso, al final, los clientes objetivo y los precios que estén dispuestos a pagar serán los que permitirán o no compensar los gastos de transporte, las certificaciones necesarias, el pago de los seguros que minimicen los riesgos de la operación o las tasas aduaneras. Así, con la recopilación de todos los impactos, se calculará el margen de la operación y otros posibles beneficios colaterales que la venta internacional pueda proporcionar, y se tomará la decisión de entrar o no en un mercado.

La globalización económica que se ha manifestado en la deslocalización de fábricas, entre otros factores, ha facilitado la diversificación de productos y actividades y, sobre todo, la optimización de los canales de venta y distribución.

Los **canales de distribución** son los diferentes caminos que siguen los productos desde el fabricante hasta el consumidor final.

El **canal habitual** para entrar en un mercado internacional es el canal indirecto largo, donde, esquemáticamente, el importador gestiona contenedores, el mayorista emplea palés, el minorista adquiere cajas y el consumidor compra unidades.

En general, se considera que los canales de distribución cortos conducen a mejores precios de venta al consumidor, pero esto no siempre es verdad, ya que todo depende de cómo el exportador quiera apoyar y proteger a sus distribuidores y el interés que posea por la venta directa. Normalmente, si el exportador es productor suele estar más interesado en animar a la compra final mediante un distribuidor o almacenista para evitar la gestión comercial por unidades. Por ello, puede tener una lista de precios al consumidor sobre la que realiza grandes descuentos a los distribuidores. Eso permite que el distribuidor disponga de margen para vender al consumidor aún con un descuento sobre la lista.

En general, los canales de distribución en el exterior se pueden clasificar en venta directa y venta indirecta.

2.1 Venta directa

El exportador o fabricante vende el producto o servicio directamente al consumidor, sin intermediarios.

Es el caso de la mayoría de los servicios, aunque también es frecuente en las ventas industriales porque el número de clientes potenciales es limitado y suelen estar bastante concentrados. Es decir, es una demanda limitada, conocida y localizada, algo que no es el caso de los productos de consumo.

Sirve especialmente cuando un productor exporta componentes a un fabricante. En este caso, los consumos altos y continuos del consumidor pueden amortizar el costo del transporte directo. La clave es la programación de consumos y la capacidad del importador de tener existencias (*stocks*), sobre la base de su propio plan de producción.

Los vendedores propios de la empresa pueden desplazarse puntualmente para la promoción y venta del producto y para la asistencia al cliente durante su ciclo de vida o su periodo de garantía.

También se pueden aprovechar las misiones comerciales para la prospección de nuevos mercados, así como las ferias internacionales sectoriales como punto periódico de encuentro con los clientes.

2.2 Venta indirecta

Existen intermediarios entre el proveedor y el usuario o consumidor final.

El tamaño de los canales de distribución se mide por el número de intermediarios que forman el camino que recorre el producto, distinguiendo entre canal corto y canal largo.

Un **canal corto** solo tiene dos escalones, con un único intermediario entre la empresa fabricante y el consumidor final, como en el caso de la comercialización de automóviles o electrodomésticos. Por su parte, en el **canal largo** intervienen más intermediarios (mayoristas, *traders,* distribuidores, almacenistas, agentes comerciales o comisionistas, revendedores, minoristas, etc.) y es el más común en casi todos los productos de consumo.

2.2.1 Agentes

Un agente comercial, representante o comisionista es un apoyo a la comercialización directa. El agente suele llevar una comisión asociada a cada venta a sus clientes, pero es la empresa exportadora la que, en general, gestionará el pedido, la fabricación y la logística de la operación. Se pierde la negociación directa con el cliente, pero se acostumbra a conocerlo y a mantener el contacto con él. Si el agente es buen gestor comercial, supone una vía económica para acceder a clientes por distintos territorios sin grandes gastos en prospección comercial. Si la comisión es variable es especialmente interesante porque esta se cargará siempre contra la factura de venta. Algunos agentes solicitan una comisión fija al margen de las ventas que proporcionen, si bien esta es una condición negociable y que no se acostumbra a aceptar si no existe la garantía de unos resultados concretos.

El cliente suele sentirse cómodo, a pesar de pagar un sobrecosto, porque se siente atendido en su idioma por un comercial con su idiosincrasia, que puede visitarlo con cierta frecuencia debido a la cercanía física, que conoce las regulaciones locales, y con el que puede empatizar cuando surgen dificultades. Suele ser una vía que funciona bien cuando la demanda del consumidor no es muy grande, y no es posible disponer de un departamento de compras que realice la captación internacional de proveedores.

Un aspecto importante que hay que tener en cuenta es que el agente no lleve en su portafolio productos semejantes de diversas marcas, porque podría limitar la promoción de alguna y presentarla como un segundo plato en su discurso, como una opción más económica y de peor calidad frente a las de la competencia, lo que podría perjudicar la imagen de futuro de la marca en el mercado, posicionándola en un marco nada interesante.

A nivel logístico, el envío se organiza desde el exportador al consumidor directamente, sin pasar por el agente, por lo que el exportador ha de conocer los detalles del emplazamiento del cliente y el estado en que cargó la mercancía. El tránsito es directo, sin manipulaciones, así que le es más fácil gestionar posibles «no conformidades» sobre el producto en la recepción en el punto de destino.

Como el exportador conoce el proceso logístico y suele barajar mejores precios de transporte debido a sus volúmenes, suele ser un valor añadido que este se haga cargo del transporte al menos hasta el puerto o centro logístico de destino. La razón es que el agente quizá sea un comercial local sin experiencia ni conocimientos sobre transporte internacional, y el cliente no sea un importador o mayorista acostumbrado a negociar portes. Por lo tanto, asesorarlo en comercio exterior sería favorable para todas las partes.

2.2.2 Distribuidores, almacenistas

Es una vía habitual para las pymes por su bajo costo y la facilidad para operar con ellos. El problema se halla en la propia selección del intermediario adecuado. Es importante conocer su identidad, los mercados donde opera, sus clientes actuales, su reputación en el sector, todos los productos que distribuye, si comercializa otras marcas que puedan competir con el producto o lo complementan, si acostumbra a disponer de existencias para dar mejor servicio local, o si obliga al exportador a posicionar en su almacén un depósito del que solo abonará lo que vaya vendiendo.

Un buen contrato de distribución puede limitar los riesgos, delimitando responsabilidades en la postventa, territorios de exclusividad para la venta, acuerdos de no competencia, y precios según volúmenes de compra.

Se pierde el contacto con el consumidor o cliente final. Asimismo, la decisión sobre los lotes de pedido y envío, la gestión de las reposiciones en cuanto a periodicidad y cantidades y la distribución en cada territorio nacional se gestionará por el distribuidor.

Figura 1.1. Mercancías paletizadas en estanterías en un centro de distribución.

2.2.3 Intermediarios o traders

La comercialización la gestiona el intermediario o *trader*. Una dificultad que presenta esta casuística suele ser la diversa tipología de productos que confluyen en un mismo centro de distribución. Es importante conocer el grado de confianza que genera este intermediario, sus motivaciones, cómo va a tratar el producto, si su centro de exposición va a consistir en un «mercadillo» o realmente tiene un centro profesional de puesta a la venta. Puede que solo busque una operación puntual para llevarse un margen por la intermediación, por lo que no suele estar interesado en contratos que lo vinculen en exceso y, por lo tanto, la forma de pago debe estar garantizada. No hay problema en contar con ellos, con una visión a corto plazo, si las cantidades son adecuadas, las responsabilidades están acotadas y el pago garantizado.

2.3 Depósitos francos y aduaneros

Las **zonas francas y los depósitos francos,** según recoge el Código Aduanero de la Unión Europea, son «partes (lugares) [las zonas] o locales [los depósitos] del territorio aduanero comunitario separados del mismo, en los que se puede introducir toda clase de mercancías, pudiendo permanecer por tiempo ilimitado».

Se trata de zonas acotadas en puertos, aeropuertos u otros emplazamientos cercanos a nodos logísticos, siempre bajo la vigilancia e inspección de los servicios aduaneros, en las que pueden almacenarse mercancías sin el previo pago de derechos arancelarios ni de impuestos sobre el consumo (IVA). En estas zonas se puede introducir toda clase de mercancías, cualquiera que sea la cantidad, la naturaleza, el origen, la procedencia o el destino, con cierta libertad y con trámites sencillos, sin las prohibiciones o restricciones que pueden ser aplicables en las demás partes del territorio aduanero.

Las mercancías pueden permanecer en un depósito franco por un tiempo ilimitado, hasta que el operador económico decida darle otro destino definitivo, es decir, quedan en espera de su **reexportación**, de su **despacho** para entrar mediante

territorio aduanero

Espacio geográfico dotado de una legislación aduanera única frente al exterior, en el que las mercancías circulan sin limitaciones aduaneras.

un determinado régimen aduanero o incluso para su **abandono** si resulta económicamente menos gravoso abandonarlas que pagar cualquier impuesto o multa sobre ellas. El abandono puede realizarse mediante una renuncia explícita escrita, si el agente consignatario no se presenta a despachar en la aduana, o al no saldar los pagos para el levante de la mercancía.

Mientras las mercancías se encuentran en el depósito franco no están sometidas a derechos de importación (aranceles), ni a impuestos interiores (IVA de importación o impuestos especiales) o a medidas de política comercial. Es decir, la mercancía no ha sido nacionalizada.

Las zonas y los depósitos francos ofrecen múltiples servicios, tanto de carga y descarga, almacenaje, manipulación, consolidación y desconsolidación de unidades de carga, como de selección, revisión o clasificación de mercancías.

Un **depósito aduanero** es el lugar donde se permite que una mercancía esté ilimitadamente a la espera de ser despachada o hasta que el operador quiera darle un destino definitivo dentro o fuera del territorio aduanero. La diferencia con el depósito franco es que, mientras que el depósito aduanero está sujeto totalmente al control aduanero en todos los movimientos de las mercancías (a la entrada y salida y durante la estancia en las operaciones autorizadas), el depósito franco solo lo está a la entrada y salida de estas.

Los depósitos aduaneros permiten reducir el costo del transporte y retrasar el pago de los aranceles y otros impuestos hasta el momento justo de la venta de la mercancía.

El depósito aduanero puede ser público o privado (DAP), según sea utilizable por cualquier persona física o jurídica o bien tenga reservado un uso exclusivo para

agente consignatario

Persona física o jurídica intermediaria que, en nombre y por cuenta de la naviera, actúa como depositaria de las mercancías mientras estas se hallan en la terminal portuaria, asumiendo su recepción y entrega, y el cobro de los fletes. Asimismo, presta servicios al buque y a su tripulación (autorizaciones y gestión de entrada y salida del puerto, operaciones de carga y descarga, despachos documentales, negociación, gestión y liquidación de fletes, etc.), y realiza las gestiones relacionadas con la presencia del mismo en el puerto. Es habitual que realice la gestión comercial de la línea o las líneas que representa.

Figura 1.2. Acceso a la Zona Franca Aduanera de Barcelona.

un único titular. Así, en un depósito aduanero se autoriza a un operador para que recepcione mercancías de terceros (DA público) o propias (DA privado).

No hay que confundir el depósito aduanero con el **almacén de depósito temporal** (ADT), que es el recinto en el que pueden permanecer las mercancías almacenadas, durante un plazo máximo de tiempo, exentas de aranceles e impuestos. Antes de llegar a ese plazo, se debe dar destino aduanero a la mercancía, pedir prorroga o proceder a su destrucción.

El ADT agiliza el despacho aduanero ya que la mercancía que entra en él para la importación puede salir:

- Para consumo cuando se despacha y se pagan los aranceles y el IVA.
- Para depósito aduanero público.
- Para despacho a libre práctica, es decir, se pagan los aranceles pero no se pagan los impuestos y entra a depósito aduanero público.

levante de la mercancía

Ejemplar 9 del documento único administrativo (DUA) o documento telemático similar mediante el cual la aduana autoriza la salida o entrada de una mercancía del puerto.

Figura 1.3. Vista aérea de la Zona Franca de Barranquilla.

2.4 Sucursal de venta

Una sucursal de venta es un establecimiento propio en un país importador. Permite estar más cerca del cliente, lo que facilita la comercialización directa, sin intermediarios. En principio, si la sucursal es una simple oficina comercial, la logística será gestionada por la empresa exportadora en el país de origen, del mismo modo que se realizaría con un agente comercial, a diferencia de que en este caso se trata de un agente propio de la plantilla de la empresa exportadora. El control de la estrategia comercial permite conocer mejor al cliente y conducir de manera directa la política de precios, la frecuencia y el volumen de los pedidos.

Si la sucursal dispone de almacén, incluso aunque sea de dimensiones reducidas, se pueden gestionar las existencias, y la logística se aproximará más a la política de transporte que se podría implantar con un distribuidor o almacenista, con la diferencia de que ahora son propios.

2.5 Distribución concertada

Otra forma de acceso o canal para llegar al cliente final es a través de la existencia de un contrato de colaboración con otras empresas. Es el caso de:

- Consorcios donde colaboran fabricantes de productos complementarios en origen, como los de alimentación.

- Alianzas estratégicas, como las uniones temporales de empresas (UTE) en el sector de la construcción.
- Acuerdos de distribución en el que la empresa se asocia con su cliente para ir a mercados exteriores.
- Alianzas comerciales en las que se busca un socio local para acceder a un mercado de otra manera restringido, como es el caso de China o Rusia.
- Asociaciones de empresas de interés económico (AEIE), donde existen planes comerciales que han de cumplirse.

2.6 Fabricación en mercados exteriores

Para acceder a un país de destino y evitar sus aduanas cuando se grava duramente un producto o si existen restricciones sobre el cupo de cantidades permitidas a la entrada, se puede decidir fabricar en el país de destino bien a través de terceros, mediante licencias de fabricación, o bien vía orden de pedido a fábricas sobre la base de planos u otro tipo de referencias e instrucciones. Esto también puede ser conveniente para evitar el costo del transporte hacia dicho país, especialmente cuando el producto tiene un peso excesivo, o es muy voluminoso y de escaso valor.

También se puede plantear la instalación de una fábrica o almacén en el país al que se quiere acceder. En todos estos casos, el transporte queda reducido a un transporte nacional dentro del país donde se fabrica y no un transporte internacional, a menos que se trate de una instalación de un centro productivo transnacional para distribuir hacia otras regiones desde el país fabricante.

2.7 Otras formas de entrada

Para acceder a un mercado exterior, pueden ayudar a la comercialización los emigrantes y los aventureros del país de origen que se encuentran en el país al que se pretende acceder. Todos ellos actuarán como potenciales compradores o sujetos comerciales donde la logística de la operación será similar a la de un agente comercial.

Capítulo 2

Las operaciones de exportación

Al entrar en un mercado exterior hay que tomar decisiones sobre el *marketing mix,* una metodología que identifica cuatro pilares importantes (4xP): precio, producto, plazo y puesta a disposición.

En cuanto al **precio**, hay que ser conscientes desde el primer momento de que el **costo de entrega** en un destino internacional es habitualmente superior al costo de entrega nacional.

Es posible calcular el precio internacional de un producto y si es o no competitivo para el mercado objetivo, generando lotes de envío eficientes, seleccionando y negociando cuidadosamente el modo de transporte, pero sobre todo teniendo claro el escandallo de costos adicionales que supone la exportación. Entre estos costos cabe destacar el del embalaje internacional que se ha de emplear, el transporte de puerta a puerta, los certificados exigidos en las aduanas para despachar, los seguros de transporte y de cambio, así como el costo asociado a la forma de pago que se pueda ofrecer para garantizar el cobro de la exportación.

El costo del transporte puede ser repartido entre la empresa exportadora y la importadora de acuerdo con la regla Incoterms que pacten y es importante que se tenga una idea clara del impacto de dicho costo en el cliente final, porque solo así se sabrá el costo adicional que suponen las operaciones de exportación en relación al producto local.

En relación al **producto,** hay principalmente dos estrategias para su introducción en un mercado exterior:

- **Estandarización**
  Comercializar en mercados exteriores el mismo producto nacional, con una estrategia similar. Esto es factible en productos globales, que satisfacen las

Figura 2.1. Operación de llenado de un contenedor mediante una carretilla frontal contrapesada.

mismas necesidades en todas las personas, a pesar de sus hábitos, gustos y costumbres.

La globalización permite economías de escala y unificar la publicidad. Es el caso de las grandes cadenas que están presentes en un gran número de países (hamburgueserías, refrescos o prendas confeccionadas, por ejemplo).

- **Adaptación**
Comercializar en mercados exteriores el producto nacional pero con alguna modificación, cambiando incluso la estrategia comercial en algún aspecto. De este modo, se modifica el producto en función del mercado de destino, con el fin de adaptarse a sus regulaciones o para captar una tipología de consumidor distinta de la local. A veces la adaptación es tan drástica que en realidad se trata de un rediseño en profundidad, con la creación de un producto específico para el nuevo mercado.

En ocasiones, la adaptación se corresponde con una normalización, de manera que el producto se modifica para entrar en un mercado venciendo barreras técnicas (composición, etiquetado o embalaje, entre otras) o administrativas.

Es el caso de algunas cervezas, que adaptan su composición a los gustos particulares de los distintos países. Por ello no sabe igual alguna cerveza de barril en su país de origen que en las latas de cerveza exportadas a otros países.

En relación al **plazo,** hay que tener en cuenta algunos factores que añaden tiempo de entrega desde que se recibe un pedido, como los siguientes:

- Tratamiento administrativo del pedido, lanzamiento y comunicación interna de la lista de actividades.
- Pedidos anteriores en cola *(backlog):* se reserva un tiempo de espera, sin valor añadido, hasta que el pedido se pone en marcha.
- Cumplimentación de actividades: diseño, producción y verificación de la calidad.
- Preparación de pedidos desde el almacén y proceso de embalaje.
- Operaciones logísticas de la exportación: carga, transporte, aduanas y entrega.

Por último, para la **puesta a disposición** intervienen factores como la forma de acceso al mercado, el transporte y la distribución.

Uno de los objetivos de la logística de la empresa consiste en reducir los tiempos, tanto de la preparación del pedido una vez fabricado y con garantía de calidad, como del transporte.

El tratamiento administrativo del pedido en la exportación requiere un procedimiento distinto al nacional, con un equipo diferente de personas responsables de la venta, que habitualmente aplica otros descuentos o condiciones comerciales y financieras. El producto se diseña según normativas nuevas y se puede fabricar en una línea de producción aparte, donde además pase por un control de calidad diferenciado y requiera un embalaje que sea especialmente resistente. No obstante, es en la última fase de **carga, transporte, despacho de aduanas** y **entrega** donde realmente la exportación toma un camino diferente al de la venta nacional.

Esas actividades constituyen las **operaciones de exportación,** que se detallan más adelante.

---

modo de transporte

Modalidad o tipo de transporte. Para el transporte de mercancías, existen cinco modos distintos:

- Transporte aéreo.
- Transporte ferroviario.
- Transporte marítimo o fluvial.
- Transporte por carretera.
- Transporte por tubería.

1   Planificación de salidas

Es importante coordinar correctamente el calendario de salidas de acuerdo con los plazos de producción, los posibles ensayos de calidad o las inspecciones de terceras partes, la disponibilidad de contenedores o camiones y la capacidad propia de carga.

Una parte importante de este proceso consiste en informar internamente de las fechas de carga planificadas a todas las áreas implicadas, así como al cliente de la fecha estimada de llegada para que prepare la adecuada recepción de la mercancía, ya sea en sus almacenes, en un lugar distinto o mediante terceros.

En el caso de un camión o de un contenedor de 40 pies, realizar el llenado suele tomar varias horas y acostumbran a estar involucradas al menos dos o tres personas, por lo que es indispensable coordinar los recursos necesarios durante ese tiempo. De igual modo sucede con el vaciado de un contenedor.

En el caso de equipos especiales, como los contenedores sin techo de 40 pies, que son unidades de carga con apertura superior para depositar la mercancía mediante puentes grúa u otros equipos de elevación, puede ser necesaria una reserva previa de varias semanas, según el lugar de destino de la mercancía.

2   Estimación de peso y bultos

Hay diversas formas de estimar el **peso neto total** de una mercancía:

- Estimación mediante el propio diseño. Consiste en extraer la estimación de pesos a través de los propios planos del producto, según el volumen de las piezas y la densidad de los materiales. Esta técnica es especialmente útil cuando se trata de maquinaria. Hay que prestar atención a los tratamientos químicos,

---

ERP

Siglas de *enterprise resource planning*, o «sistema de gestión corporativa» mediante paquetes informáticos modulares que permiten gestionar los procesos de una organización a través de toda su estructura, incluida la fabricación y sus asociados.

de pintura, galvanizado, etc., que aportan peso extra y que no suelen figurar en los planos.

- Pesado directo de cada componente. Se realiza pesando individualmente en una báscula cada componente, y posteriormente se calcula el peso del ensamblaje en conjunto.
- En el caso de que el material se cargue sin desmontar, se debe pesar como un único elemento, indivisible.
- Tabla de pesos. En productos seriados se puede disponer de una tabla de pesos basada en referencias de catálogo, por lo que sobre la base del programa de carga, bien en una hoja de cálculo o bien en el sistema de gestión corporativa (ERP, *enterprise resource planning*) empleado, asignando pesos estimativos a cada referencia previamente pesada, se puede obtener automáticamente el peso del conjunto que se ha de transportar.

Es importante conocer el peso aproximado del embalaje: cajas de cartón o madera, palés, etc., porque este cálculo, añadido a la suma del **peso neto,** constituirá el **peso bruto** total. Este marcará el precio del transporte cuando el cubicaje sea inferior al peso.

Figura 2.2. Movimiento de una pieza de grandes dimensiones configurada sobre una plataforma.

Para la estimación de bultos hay que tener en cuenta las siguientes recomendaciones:

- En general puede bastar con emplear la lista de palés que se prevé cargar en el camión o contenedor, dando las medidas de largo × ancho × alto de cada palé, así como su peso neto y bruto.
- Para bultos sin paletizar, se deben describir dichos bultos y especificar como mínimo sus pesos, en el caso de que fuera complicado dar también sus dimensiones, como es el caso de la maquinaria.
- Para graneles, se ha de indicar el peso total y el volumen ocupado, como por ejemplo en el caso de un contenedor de 20 pies.
- Para cargas a granel de cajas, es importante especificar su número y el volumen que ocuparán en el camión o contenedor. Por ejemplo: *35 boxes in 1x 40 ft* (35 cajas en un contenedor de 40') o *35 boxes in 7 m off 1x 40 ft* (35 cajas en 7 m de largo de un contenedor de 40'). Es importante no olvidar el peso neto y el bruto del conjunto de cajas.

Cubicar un camión o un contenedor es complicado si se quiere cargar al máximo de su capacidad (esto puede responder al deseo de facturar lo máximo posible y reducir el costo unitario del transporte), ya que en el momento de la carga podría no haber finalmente espacio suficiente para algún elemento del pedido comprometido, debido a circunstancias imprevistas como abolladuras en el contenedor, por ejemplo.

Existen herramientas para anticiparse al momento de la carga tales como disponer de los planos de carga, emplear un programa informático específico para la ubicación de cajas en 3D, o cubicar con un sencillo cálculo mental empleando los múltiplos de las dimensiones de las cajas y los palés.

Con estos datos se puede cumplimentar una **lista de pesos** *(weight list),* así como una **lista de empaque** *(packing list)* aproximada. Tras la carga habrá que cumplimentar las listas definitivas.

Si toda la información de bultos y pesos figura suficientemente descrita en la factura, puede no ser necesaria ni la lista de pesos, ni la lista de empaque. Cuando se emplean aparte de la factura, suelen englobarse en un solo documento, llamado lista de empaque y pesos o únicamente lista de empaque.

3   Negociación, contratación y reserva de transporte

Aunque en apartados posteriores se desarrollan los factores que más inciden en la selección del tipo de transporte, así como la mejor estrategia para asegurar la adecuación del mismo, en las operaciones de exportación es clave contar con un proceso de selección de la compañía de transporte.

Debe haber un proceso continuado de solicitud de cotizaciones, comparación de las mismas y negociación de las condiciones del servicio, del mismo modo que en cualquier proceso de compra. No obstante, es de especial importancia conocer qué hay detrás de cada precio, porque, por ejemplo, en el transporte marítimo intervienen variables que hacen diferir mucho el costo de un tránsito a otro, y por ello conviene solicitar cotizaciones para cada envío. Es decir, no hay tarifas fijas como en el caso del transporte terrestre de mercancías.

3.1 En el transporte marítimo

En este modo de transporte, para mercancía general, lo más importante es el equipo o contenedor que se utilizará para configurar la unidad de carga. Hay que considerar si será suficiente con disponer de equipos estándar o si serán necesarios equipos especiales, como contenedores de gran capacidad o de techo abierto, para cuya carga puede ser necesario una grúa puente, por ejemplo. Estos últimos pueden tener un costo superior en un 50 % al de un contenedor cerrado. A pesar de todo, el mayor inconveniente es la escasa disponibilidad de este tipo de contenedores, que puede que no estén disponibles en periodos de hasta seis semanas,

Figura 2.3. Carga de un barco portacontenedores en el puerto de Barcelona.

por lo que la búsqueda para una fecha determinada puede ser más prioritaria que su precio.

En un mismo tránsito, con la misma naviera, el precio puede variar dependiendo de distintos factores incluidos en la cotización. Muchos de ellos, se desarrollan en el capítulo 5, apartado 4.1, «Cálculo y análisis de las cotizaciones de transporte». Los factores que más influyen en el precio final son el flete *(freight)* y el ajuste de combustible o BAF *(bunker adjustment factor)*, que varían cada mes. El BAF depende totalmente del precio del petróleo. Estos factores suelen darse en dólares, por lo que el cambio de moneda tiene un impacto importante, y son altamente volátiles. Su variabilidad es tal que un precio podría cambiar de un mes a otro hasta en un 50 %.

Hay distintas navieras para un mismo origen y destino. Para escoger con qué naviera conviene operar hay que tener en cuenta la fiabilidad de cada una de ellas en su fecha estimada de llegada o ETA *(expected time of arrival)*, la frecuencia de salida (las hay con salidas semanales, pero también con frecuencias más espaciadas o con un alto grado de cancelación de barcos), y especialmente los distintos tiempos de tránsito *(transit time)*, ya que puede haber diferencias de tiempos de 24 a 44 días para un mismo recorrido. También es posible elegir entre barcos directos o con escalas, esto último es más barato, pero genera plazos más dilatados.

Hay mercados donde el tiempo desde la carga hasta el destino es de suma importancia, por lo que se puede preferir pagar un poco más por una línea que ofrezca el menor tiempo de llegada. Esto siempre será mejor que la alternativa de tener que contratar un transporte aéreo porque el buque no llegue en el plazo previsto. El producto, su margen comercial y su urgencia deben marcar la línea decisoria. No es lo mismo transportar mil referencias de un perfume en un palé con un elevado precio de venta al consumidor, que transportar papel de cocina en un palé donde

medio de transporte

Tipo de vehículo utilizado para el transporte. Cada modo de transporte dispone de una tipología específica:

- Transporte aéreo: avión, helicóptero, etc.
- Transporte por carretera: camión, furgoneta, etc.
- Transporte ferroviario: ferrocarril.
- Transporte marítimo y fluvial: buque, barcaza, etc.
- Transporte por tubería: tuberías.

Figura 2.4. Terminal automatizada de contenedores ECT (Europe Container Terminals) en Rotterdam.

se carguen cien referencias de muy bajo precio de venta al público. Tampoco es lo mismo transportar mercancías para almacenar, que un material directamente a una obra, donde una grúa torre se requiera emplazar en una fecha concreta, por ejemplo.

Si la forma de pago se realiza mediante carta de crédito, esta restringe las navieras con las que operar.

En general, lo mejor es negociar precios de acuerdo con la aplicación de las reglas Incoterms, que se tratan más ampliamente en los capítulos 3 «Las reglas Incoterms» y 14, «Consideraciones prácticas». En concreto, es conveniente negociar una regla Incoterms CFR o CIF, que comprenden precios hasta el puerto de destino, donde se incluyen los gastos del despacho de exportación más el transporte marítimo, especialmente si se desconocen los precios de despacho de aduana, impuestos o tasas para la importación, el transporte interior en el país destino *(in-land)* o el transporte a una obra *(on-site)*. Estos precios son normalmente más fáciles de gestionar por la empresa importadora a través de un agente local, que recoge la mercancía en el puerto y lo lleva a sus almacenes o a un lugar determinado, o bien con la empresa transitaria que gestiona el transporte internacional.

Si la empresa exportadora y la importadora son socias o colaboradoras, es conveniente realizar dos búsquedas paralelas: una en origen y otra en destino. De ese modo se puede contrastar quién ha encontrado la mejor oferta. La de exportación suele ser la mejor, ofreciendo incluso opción a que la exportadora la grave con un margen y que siga siendo interesante, aunque podría suceder que la importadora tenga mayor poder de negociación o más experiencia. Si la empresa importadora puede consolidar las importaciones de diferentes proveedores en un mismo país o región económico-fiscal y exportarlas juntas, puede comportarle una serie de beneficios: completar unidades de envío más eficientes, ganar en frecuencia de envíos y menor rotación de existencias por producto, lo que reduce su inventario.

En general, se selecciona un proveedor de transporte con el que se negocia un precio y se reserva un contenedor, emplazándolo en una fecha y lugar determinados. Puede suponer un problema el hecho de que la reserva, en ocasiones, no se confirme hasta que los contenedores hayan llegado de retorno al puerto de origen y se revise su estado, ya que si estos contenedores necesitan ser reparados se puede demorar la carga. En cualquier caso, la clave para la importadora no es la fecha de carga en el contenedor (aunque sea la fecha de la factura y la que pueda liberar posibles pagos), sino la fecha de embarque en el buque. También es posible que un barco se demore o se haya desviado de la ruta prevista y haya que reservar espacio en el siguiente.

3.2   En el transporte por carretera

En este caso, la gestión de la selección y reserva es más fácil, porque es posible negociar tarifas anuales sobre la base de una demanda potencial y una tipología de servicio. Pero las tarifas pueden incluir condicionantes de precio según el volumen de facturación, o incluso incorporar unas tasas según evolucione el precio del combustible.

Para la disposición efectiva de camiones, aunque suele ser suficiente reservar con dos de días de antelación, se puede complicar cuando es necesario cargar varias unidades al mismo tiempo para un único destino. En esta situación, son factores clave la flota con que cuente la compañía transportista (si dispone de camiones propios o subcontrata el servicio), las fechas (en Navidad es difícil encontrar conductores dispuestos a viajar, por ejemplo) y la facilidad de contratar cargas para el retorno (si el retorno con el camión cargado no está asegurado, se sumará el precio de la vuelta en el flete de la exportación).

3.3   En el transporte aéreo

En este modo de transporte, la negociación, contratación y reserva dependerá mucho de la tipología del espacio que se vaya a contratar, ya que no es lo mismo un bulto de dimensiones 2 × 3 m, fácilmente manipulable, que una viga de 1 × 8 m, que multiplicará el costo por kilogramo con una tasa de seguridad que bien puede triplicar la estimación inicial. Así, la cotización depende en gran medida de las dimensiones de la mercancía, de si viajará en avión carguero o de las dificultades de manipulación, entre otros condicionantes.

4   Coordinación para la carga

Para llevar a cabo la carga de la mercancía, hay que coordinar una triple gestión:

* **Interna**
  Consiste en avisar a los departamentos afectados de la fecha y hora de la carga y de la mercancía que hay que cargar, así como de la documentación que debe estar cumplimentada antes y después de dicha operación.

* **Externa con el cliente**
  Con la finalidad de informar del momento de la carga, facturar la mercancía, informar de los detalles del transporte y asegurar el cobro si el pago es por adelantado.

* **Externa con el transportista**
  Consiste en solicitar y asegurar la presencia del medio de transporte en el lugar, la fecha y la hora que sea necesario. Es conveniente recibir la confirmación del posicionado del vehículo por escrito para que no haya ningún malentendido. La empresa transportista puede solicitar el peso y las medidas de la carga, ya que, por ejemplo, para exportar a China es necesario adelantar una lista de empaque, con lo que puede adelantar los albaranes cumplimentados a falta de su firma y sello, como es el caso de *couriers,* o puede proporcionar los datos de la matrícula del camión, así como el teléfono del conductor o un teléfono permanente, fuera del horario de oficinas, por si hubiese alguna incidencia durante la carga.

En la orden de carga que se envíe, es conveniente aludir al estado de los contenedores, especialmente si se han llenado en su totalidad, así como al protocolo de seguridad que exista en la empresa con los transportistas, facilitando la localización del lugar donde se realiza la carga (un mapa puede ser de suma utilidad), el horario de apertura, los teléfonos de contacto, las instrucciones para la carga y descarga segura, así como información de los equipos de protección individual (EPI) necesarios y los riesgos a los que se expone el transportista.

5 Gestión de material faltante

Una vez cargada la mercancía, podrían quedar sin cargar ciertos elementos debido a diferentes motivos: por falta de espacio, porque no estuvieran preparados a tiempo, porque se detectó en ellos algún problema de calidad en una última inspección, o porque el cliente pudiera haber solicitado algún cambio de última hora, por ejemplo.

Independientemente del motivo, el **material faltante,** además de denominarlo de este modo y cuantificarlo, hay que determinarlo unívocamente mediante fotografías, planos, referencias completas y unidades, o marcando dentro de un plano general a qué pieza corresponde (si se trata del componente de una máquina), para que toda la organización tenga constancia de lo que está pendiente de enviar.

Es importante comunicar cuanto antes a la empresa importadora el material faltante, las razones por las que no se cargó y cuándo estará disponible. Se debe acordar sin demora quién organiza el transporte, quién lo pagará, cuándo se cargará y cuándo llegará. Al tratarse de elementos independientes, puede considerarse la mensajería internacional como una opción eficaz para el envío del material faltante. Gracias a la rapidez del *courier,* puede llegar incluso antes a su destino el material faltante que el envío principal.

Una diferencia entre el envío de material faltante del primer envío parcial, es que el primer envío se factura con el valor al completo y el faltante con valor estadístico. El pago de la mercancía, por lo tanto, se corresponderá con la factura primera.

---

courier

Operador de transporte urgente puerta a puerta de documentos, paquetería y cargas fragmentadas, nacional e internacional. Integra todos los servicios logísticos necesarios para la recogida en el domicilio del expedidor y la entrega en el del destinatario, en los diferentes tramos del transporte, donde se puede emplear más de un modo. Por el carácter urgente del transporte, se utiliza como preferente el modo aéreo en el tramo principal, con la finalidad de minimizar el plazo de tiempo de todo el proceso.

La gestión de materiales faltantes puede ser sencilla o complicada en función de la tipología del producto y la frecuencia con que se produzca. Acostumbra a estar relacionada con cargas urgentes que no pueden esperar o con la falta de espacio en el momento de la carga, y no es habitual que responda a un ajuste de pedidos en cartas de crédito, porque estas suelen permitir un porcentaje de error en el valor de la factura.

6 Trámite aduanero de exportación

La accesibilidad a cada país de destino desde el país de origen depende en gran medida de los regímenes comerciales existentes entre estos, de si existen acuerdos bilaterales de libre comercio, de la política arancelaria del país de destino o de la tipología de las aduanas (ágiles o propensas a la inspección), como principales aspectos.

Hay que recordar que el transporte internacional lleva asociado un despacho de aduana de exportación y otro de importación.

- **Despacho de importación**

  Al solicitar el despacho a libre práctica, es decir, cuando se admite la declaración de aduana, se origina una deuda tributaria correspondiente con los derechos de importación y el IVA determinado para esa operación. Para calcular el importe que hay que liquidar, se parte del valor en aduana más comisiones, gastos de embalaje, transporte y seguro hasta el despacho de importación, y se añaden impuestos, derechos y gravámenes devengados por la importación.

régimen aduanero

Marco legislativo o normativo que cada país determina con el fin de regular el tráfico y la situación de las mercancías que se someten a la fiscalización de su aduana. La exportación o la importación pueden ser regímenes definitivos, pero también pueden estar acogidas a otros regímenes aduaneros económicos, como son: el depósito aduanero, el perfeccionamiento activo, la transformación bajo control aduanero, la importación temporal y el perfeccionamiento pasivo.

- **Despacho de exportación**

  La exportación es un régimen aduanero que permite la salida de una mercancía fuera de un determinado territorio aduanero, lo que conlleva unas obligaciones formales como la declaración en aduana (que implica la aplicación de los trámites, las medidas de política comercial y, en su caso, la liquidación de los derechos de exportación). La declaración de exportación puede presentarse en la aduana del lugar donde estuviera establecida la empresa exportadora o en la del lugar de carga del vehículo de transporte. Puede realizarse, por lo tanto, en un puerto seco que disponga de oficina de aduana.

- **Documento aduanero de exportación**

  Es el documento que muestra de manera fehaciente la salida de una mercancía de un territorio aduanero y como base para la declaración tributaria y a efectos de IVA. En la Unión Europea (UE) se emplea el documento único administrativo (DUA), que consta de nueve ejemplares numerados. Los DUA de exportación y de importación se corresponden con los ejemplares números 3 y 8, respectivamente.

- **La empresa exportadora**

  Es la entidad por cuya cuenta se realiza la declaración de exportación. No es necesario que sea la propietaria de las mercancías, basta con que al formalizar el DUA tenga un poder válido.

- **Exención del IVA de exportación**

  Las operaciones de exportación están exentas de IVA siempre que el expedidor o transmitente figure como exportador en el documento aduanero de

---

puerto seco

Centro logístico no costero de uso público, con disponibilidad de servicios intermodales ferrocarril-carretera destinados al agrupamiento de mercancías (recepción y expedición, carga y descarga de contenedores, almacenamiento, trasbordo y manipulación), generalmente contenerizadas, para su transporte por ferrocarril desde el interior de un territorio, hacia la terminal marítima de un puerto o en sentido inverso.

exportación. En la UE, el documento demostrativo de por qué no se incluye el IVA en una factura de exportación a un tercer país es el ejemplar número 3 del DUA, que da fe de que la mercancía salió del territorio comunitario. De esta manera, se evita el fraude de «mercancía EXW» que no llega a salir del país. Por lo tanto, es muy importante asegurarse de que los agentes intermediarios remitan dicho ejemplar a la empresa exportadora una vez la mercancía salga del territorio aduanero de origen, independientemente de la regla Incoterms utilizada en la operación.

- **El Intrastat**
  Es un sistema para obtener las estadísticas de intercambios de bienes entre estados miembros de la UE. Obliga a presentar el documento Intrastat a las empresas con adquisiciones o ventas intracomunitarias mayores de 250 000 €, bien en nombre propio o mediante un tercer declarante.

7　Envío de la documentación

Con el envío de mercancía se debe adjuntar una documentación asociada, que contenga como mínimo la factura y la lista de empaque. También es necesario el documento de transporte (conocimiento de embarque o equivalente), que será como el billete que se saca para la mercancía. Dependiendo del país de destino, para liberar la mercancía de la aduana o para que los aranceles sean reducidos hay que cumplir con otras documentaciones, tales como certificados de origen, legalizaciones de la factura por la cámara de comercio o por el consulado del país de destino en el país de origen o, a veces, incluso por el ministerio o cancillería responsable de los asuntos o relaciones exteriores. Todo esto hay que facilitárselo a la empresa importadora, bien directamente, si el pago es aplazado, o bien empleando el paquete o la remesa documental, para gestionar el pago, como es el caso del crédito documentario u otras fórmulas de pago internacional por vía documental.

Capítulo 3

Reglas clave en el transporte internacional

1 Las reglas Incoterms

El término «Incoterms» es el acrónimo de International Commerce Terms. La primera publicación de estas reglas data de 1936. Desde entonces, se han publicado diferentes versiones, a las que hay que referirse en el contrato de compraventa de mercancías, dependiendo de a cuál de estas versiones se acoja.

La última versión, de 2010, incluye elementos de gestión como las comunicaciones electrónicas.

Se trata de un conjunto de reglas internacionales, publicadas por la Cámara de Comercio Internacional (CCI), que determinan el alcance de las cláusulas contractuales que las partes suscriben en un contrato de compraventa. También se las denomina «cláusulas de precio», ya que en cada operación determinan derechos, obligaciones y costos que se deben asumir.

Sus características principales son:

- Son de carácter voluntario.
- Reducen la incertidumbre derivada de los usos y las costumbres locales.
- Se aplican a mercancías tangibles, no a servicios.
- Se destinan a operaciones comerciales internacionales.
- Regulan la relación entre las empresas compradora y vendedora respecto a la entrega de la mercancía.
- No regulan las formas de pago, ni la jurisdicción aplicable en caso de litigio.
- Determinan el momento y sitio exacto donde:

  - Se debe entregar la mercancía.
  - Se transfiere el riesgo de la parte compradora a la vendedora.

Reglas Incoterms 2010
Asignación de responsabilidades y costos

	EXW	FCA local vendedor	FAS terminal	FAS	FOB	CFR	CIF	CPT	CIP	DAT	DAP	DDP
Envase y embalaje	●	●	●	●	●	●	●	●	●	●	●	●
Otros costos de exportación: documentos, certificaciones	●	●	●	●	●	●	●	●	●	●	●	●
Carga de la mercancía en el vehículo de transporte inicial	○	●	●	●	●	●	●	●	●	●	●	●
Despacho de exportación	○	●	●	●	●	●	●	●	●	●	●	●
Transporte inicial	○	○	●	●	●	●	●	●	●	●	●	●
Transporte hasta terminal	○	○	●	●	●	●	●	●	●	●	●	●
Costos en terminal de origen: THC, tasas y otros	○	○	○	●	●	●	●	●	●	●	●	●
Carga a bordo	○	○	○	○	●	●	●	●	●	●	●	●
Transporte principal	○	○	○	○	○	●	●	●	●	●	●	●
Seguro de transporte	⊙	⊙	⊙	⊙	⊙	⊙	●	⊙	●	◌	◌	◌
Descarga en terminal	○	○	○	○	○	○	○	○	○	●	●	●
Costos en terminal de destino: THC, tasas y otros	○	○	○	○	○	○	○	○	○	○	●	●
Despacho de importación	○	○	○	○	○	○	○	○	○	○	○	●
Transporte de terminal a destino	○	○	○	○	○	○	○	○	○	○	●	●
Descarga de la mercancía del vehículo de transporte final	○	○	○	○	○	○	○	○	○	○	○	○

● Costo a cargo de la empresa vendedora.

○ Costo a cargo de la empresa compradora.

◌ ⊙ No es obligatoria la contratación del seguro como condición de la regla Incoterms, pero se indica la parte, vendedora o compradora, a la que le conviene plantearse su contratación por soportar mayoritariamente (es necesario analizar en cada caso el punto de entrega estipulado por cada regla) los riesgos del transporte.

Tabla 3.1. Relación de las responsabilidades y costos que asumen la parte vendedora y la compradora en función de las reglas Incoterms que acuerden para una operación de compraventa internacional.

– Alcanza la responsabilidad de cada parte de cara a eventuales litigios.
– Se asigna cada fase del transporte (despacho de aduana, pago del seguro y del flete e inspección).

Las reglas Incoterms 2010, que entraron en vigor el 1 de enero de 2011, están clasificadas por categorías.

1.1 Categoría E

El vendedor se compromete a poner las mercancías a disposición del comprador en el lugar acordado, generalmente su propio local y en el momento especificado.

- **EXW** *(ex works),* **en fábrica (lugar convenido)**
  – El vendedor solo está obligado a embalar correctamente, no a cargar ni a despachar. Sin embargo, muchas veces también se llevan a cabo estas actividades.
  – En las reglas Incoterms de 2000 se introdujo el concepto «EXW cargado».
  – El vendedor solo debe preparar la factura y la lista de empaque, pero se puede pactar otra documentación extraordinaria.
  – La empresa importadora puede exigir, previo pago del importe de la compraventa, la ayuda para la obtención de documentos necesarios para la exportación, así como información para contratar un seguro.
  – La transmisión de riesgos tiene lugar en el momento de la entrega.

1.2 Categoría F

El vendedor se compromete a entregar las mercancías a un transportista designado por el comprador, que paga el transporte principal. Solo está obligado a preparar la

despacho de aduanas

Conjunto de tramitaciones y operaciones logísticas que deben realizarse sobre las mercancías en un recinto aduanero para gestionar la entrada o salida física de las mismas en un determinado territorio (país, área económico-fiscal, etc.).

factura, la lista de empaque, y los documentos necesarios para el despacho de exportación. No obstante, se puede pactar otra documentación extraordinaria.

- **FCA** *(free carrier named place)*, **franco transportista (lugar convenido)**
  - El vendedor está obligado a embalar y a despachar.
  - Solo se carga si el lugar de entrega es el local propio. De lo contrario, la descarga del medio de transporte contratado por la empresa exportadora hasta el lugar convenido, y la carga en el vehículo contratado por la importadora no se incluyen.
  - La transmisión de riesgos tiene lugar en el momento de la puesta a disposición en el punto convenido.

- **FAS** *(free alongside ship)*, **franco al costado del buque (puerto de carga convenido)**
  - El vendedor está obligado a entregar la mercancía despachada en el costado del buque.
  - La transmisión de riesgos tiene lugar en el momento de la entrega en el costado del buque designado, en el puerto convenido y en el momento acordado.
  - Cualquier retraso corre a cuenta de la empresa exportadora.

- **FOB** *(free on board)*, **franco a bordo (puerto de carga convenido)**
  - El vendedor está obligado a entregar la mercancía despachada a bordo del buque.
  - La transmisión de riesgos tiene lugar en el momento en que la mercancía sobrepasa la borda del buque designado, en el puerto convenido y en el momento acordado.

estiba

Operación de movimiento de la mercancía (unidad de carga o granel), mediante su manipulación, distribución y colocación adecuadas en una unidad de transporte de carga (contenedor de transporte, caja del camión, etc.) o en un vehículo de transporte para evitar o minimizar su posible daño, facilitar las descargas y proteger a las personas o las cosas.

FOB
Franco a bordo *(free on board)*

La empresa vendedora asume los costos y riesgos hasta situar la mercancia a bordo del buque indicado por la compradora en el puerto de embarque designado. A partir de este punto, los costos corresponden a la empresa compradora.

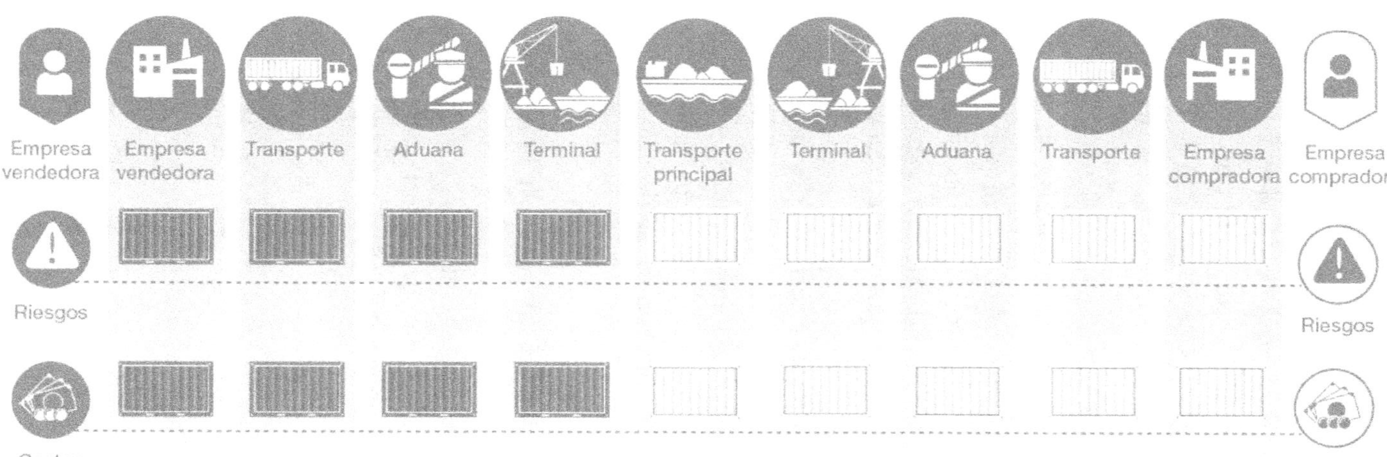

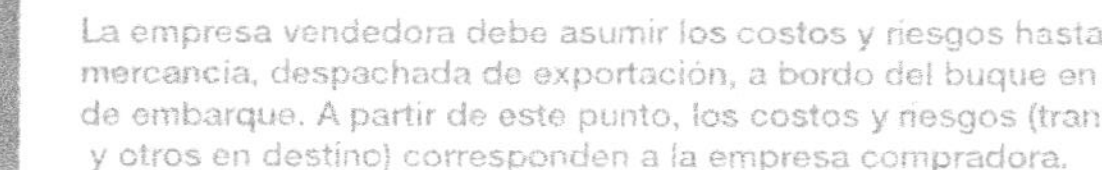

La empresa vendedora debe asumir los costos y riesgos hasta situar la mercancia, despachada de exportación, a bordo del buque en el puerto de embarque. A partir de este punto, los costos y riesgos (transporte y otros en destino) corresponden a la empresa compradora.

Figura 3.1. **Responsabilidades y costos que asumen la parte vendedora mediante la regla Incoterms FOB.**

- Hay dos variantes importantes en caso de mercancías voluminosas o de difícil asentamiento en el buque:

  - FOB *stowed:* la empresa exportadora se encarga del estibado dentro del buque.
  - FOB *stowed and trimmed:* la empresa exportadora se encarga del estibado y de la fijación de la mercancía dentro del buque, es decir, de la estiba y del trincaje.

1.3   Categoría C

El vendedor se compromete a contratar y pagar el transporte principal, pero no asume el riesgo de pérdida o daño de las mercancías. Solo está obligado a preparar la factura, la lista de empaque y los documentos necesarios para el despacho de exportación. No obstante, se puede pactar otra documentación extraordinaria.

- **CFR** *(cost and freight),* **costo y flete (puerto de destino convenido)**
  - El vendedor está obligado a contratar el flete hasta el puerto de destino.
  - La transmisión de riesgos tiene lugar en el momento en que la mercancía sobrepasa la borda del buque designado, en el puerto de carga convenido y en el momento acordado. Sin embargo, se ha de pagar el transporte hasta el puerto de destino.

- **CIF** *(cost, insurance and freight),* **costo, seguro y flete hasta el puerto de destino convenido**
  - El vendedor está obligado a contratar el flete hasta el puerto de destino.
  - El vendedor ha de contratar un seguro de garantías mínimas (que cubra el 110 % del valor CIF) y está obligado a pagar la prima. Si la importadora

trincaje

Operación de trabar y asegurar o sujetar firmemente con trincas la unidad de carga que se va transportar (incluyendo las mercancías que pueda contener), de manera que soporte todos los movimientos bruscos que puedan producirse durante el transporte.

CFR/CIF — Costo y flete (cost and freight)/costo, seguro y flete (cost, insurance and freight)

La empresa vendedora asume el costo del transporte hasta situar la mercancía en el puerto de destino designado, pero transmite los riesgos cuando sitúa la mercancía a bordo del buque indicado por la compradora en el puerto de embarque designado. En condiciones CIF, los riesgos a partir de este punto deben estar cubiertos por el seguro contratado por la empresa vendedora, en los términos estipulados por la regla Incoterms.

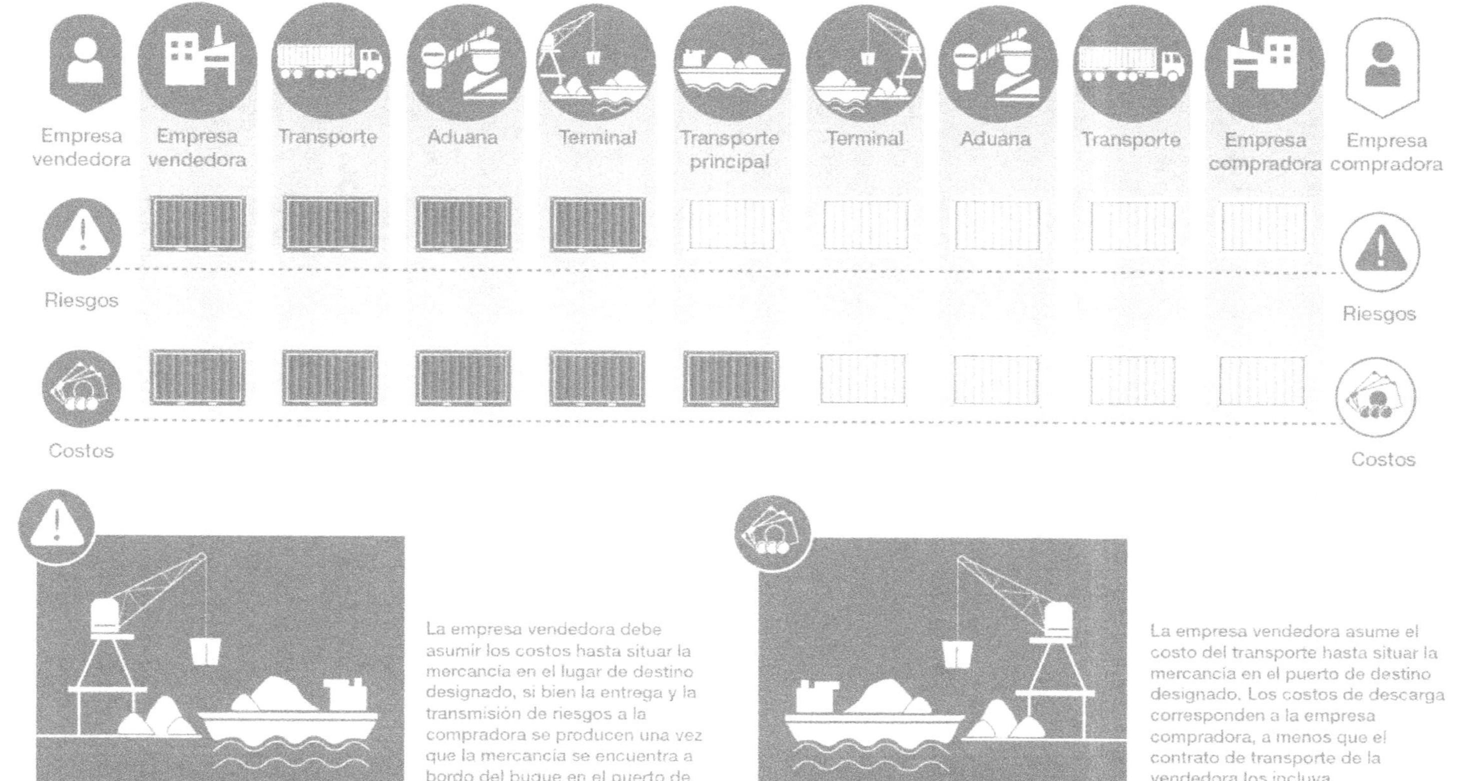

Figura 3.2. Responsabilidades y costos que asumen la parte vendedora mediante la regla Incoterms CIF.

desea establecer cláusulas adicionales puede negociarlas con el vendedor o contratar un seguro complementario.

- La transmisión de riesgos tiene lugar en el momento en que la mercancía sobrepasa la borda del buque designado, en el puerto convenido y en el momento acordado.

- **CPT** *(carried paid to)*, **transporte pagado hasta el lugar de destino convenido**
  - El vendedor está obligado a contratar el transporte hasta el lugar de destino.
  - La transmisión de riesgos tiene lugar en el momento en que la mercancía esté disponible en el lugar acordado.
  - La empresa exportadora corre con el costo de la carga al primer porteador en el punto de destino.

- **CIP** *(carried and insurance paid to)*, **transporte y seguro pagados hasta el lugar de destino convenido**
  - El vendedor está obligado a contratar el transporte y el seguro hasta el lugar de destino.
  - La transmisión de riesgos tiene lugar en el momento que la mercancía esté disponible en el sitio acordado.
  - La empresa exportadora corre con el costo de la carga al primer porteador en el punto de destino.

1.4 Categoría D

El vendedor se compromete a contratar el transporte hasta un lugar de destino determinado, asumiendo el riesgo de la mercancía.

- **DAT** *(delivered at terminal)*, **entregada en una terminal**
  - El vendedor está obligado a entregar la mercancía en el puerto de destino, una vez que ha sido descargada, aunque la suele descargar el comprador.

- **DAP** *(delivered at place)*, **entregada en un punto**
  - El vendedor está obligado a entregar la mercancía en el lugar de destino acordado, sobre el medio de transporte y sin descargar.

- **DDP** *(delivered duty paid)*, **entregada con derechos pagados en el lugar de destino convenido**
  - El vendedor está obligado a entregar la mercancía en el lugar de destino acordado, con el despacho de importación ya realizado y con la descarga incluida.

- El vendedor asume todos los costos y riesgos asociados a la importación en destino (trámites aduaneros, pago de impuestos y derechos aduaneros).
- En el caso de la UE, la regla Incoterms DAP es equivalente a la DDP.

1.5   Criterios de selección de las reglas Incoterms

En primer lugar, se debe tener en cuenta si en el transporte principal intervendrán uno o más modos de transporte o si se tratará en exclusiva de un transporte marítimo (véase la tabla 3.2).

Pero para decidir qué reglas Incoterms se deben acordar en una venta internacional, se deben considerar otros aspectos. Los más relevantes son:

- **Los costos,** que serán responsabilidad de la empresa exportadora, para su repercusión correcta en el precio de venta. Entre ellos cabe destacar el transporte hasta el punto de entrega o el seguro, así como el costo de obtener otra documentación que pudiera necesitar el cliente para los trámites aduaneros, como legalizaciones por los consulados o certificados, por ejemplo.

- Solo se debe aceptar la regla Incoterms **DDP para terceros países** en el caso de concursos o licitaciones donde la capacidad de negociar sea absolutamente reducida, porque supone saldar aranceles, tasas e impuestos (como el IVA, por ejemplo) en destino, algo difícil de estimar y de repercutir correctamente desde el país de origen, ya que los impuestos a la compra no podrán recuperarse, como sí sucede con el IVA soportado y el IVA repercutido. En el caso de la UE, DDP y DAP son equivalentes.

Las reglas Incoterms según el tipo de transporte		
Grupo	Uno o más modos de transporte	Exclusivamente transporte marítimo
E	EXW	–
F	FCA	FAS, FOB
C	CPT, CIP	CFR, CIF
D	DAT, DAP, DDP	–

Tabla 3.2. Cada regla Incoterms se adecúa a unas modalidades de transporte.

- **El grado de control** que se desea sobre el momento de la carga (disponibilidad, posicionamiento de los vehículos, etc.), la trazabilidad del envío, el tránsito en días y ruta, y la documentación que se debe recibir en tiempo y forma.

- La vinculación existente entre la **documentación de transporte** y la forma y el momento del **cobro.**

- **El poder de negociación y fidelización** que se pretende alcanzar con las empresas transitarias locales al juntar un mayor volumen de facturación.

- **El valor añadido** que supone para el cliente la puesta a disposición de la mercancía en su puerta o en su puerto, sin necesidad de tener conocimientos sobre la dinámica del transporte internacional y largos procesos de selección y contratación de transportistas para obtener buenas tarifas.

- El posible **margen adicional** con que se puede cargar el costo del transporte en precios de exportación al eliminar al agente intermediario entre la compañía de transporte y la importadora en el país de destino.

- Las reglas Incoterms **CIF o CIP** son generalmente idóneas para negociar gran parte de los transportes de mercancías en los contratos de compraventa. Esto es así debido a que crean valor en el transportista local, que es quien puede ofrecer las mejores tarifas posibles sin intermediarios. De este modo se controla el transporte durante la organización y planificación de la carga y en el tránsito. Se consigue un seguimiento eficaz de la documentación, aspecto interesante cuando existe crédito documentario. Si el seguro lo contrata la empresa exportadora, se asegura el cobro en caso de siniestro. También se obtiene un valor añadido para la mercancía al ponerla a disposición en el país de destino, pero sin interceder en el proceso aduanero, que puede ser muy complejo en determinados destinos.

2 Derechos aduaneros

En la aduana de destino, los tres principios en los que se basarán para aplicar los derechos de importación son el arancel de aduanas que se deba aplicar según la clasificación arancelaria, el valor en aduana y el origen de las mercancías.

2.1 Los aranceles

También llamados derechos arancelarios, son tributos o impuestos que gravan la importación de mercancías con objeto de proteger el mercado interior de aquellas importaciones que sean más competitivas que la producción nacional. En algunos países en vías de desarrollo, los tributos cumplen una función esencialmente recaudatoria.

En otras ocasiones, la reducción o la no aplicación de derechos arancelarios se utiliza para paliar un déficit de existencias en el mercado o como medida de control de los precios de determinados productos, por lo que incentiva su entrada en el país, sin gravarla.

Las figuras más habituales en estos casos son:

- *Suspensiones arancelarias,* que permiten la importación de determinadas mercancías con exención total o parcial de derechos de carácter temporal.
- *Contingentes arancelarios,* para facilitar la importación de un determinado volumen de mercancía, con derecho nulo o reducido.
- *Franquicias arancelarias,* que eliminan los derechos de importación por motivos específicos, como por ejemplo políticas de apoyo a determinadas industrias, exposiciones internacionales, cambio de residencia, etc.
- En grandes proyectos de comunicación o transporte puede darse la *exención de aranceles,* mediante previa solicitud por parte de la empresa importadora.

Los tipos de aranceles más habituales son los siguientes:

- **Ad valorem:** se calcula un porcentaje sobre una base imponible.
- **Arancel específico:** se paga una cantidad determinada por unidad de medida.
- **Mixtos:** es el resultado de sumar el arancel *ad valorem* y el específico.
- **Compuesto:** se compara el arancel *ad valorem* y el específico, corrigiendo el resultado con un arancel mínimo.

2.2 El valor en aduana

El **valor en aduana** (aplicable solo en la importación) se basa en el valor real de la mercancía importada, a la que se aplica el arancel.

El **valor real** debería ser el precio al que, en un tiempo y lugar determinados por la legislación del país importador, las mercancías son vendidas u ofrecidas para la venta en el curso de operaciones comerciales en libre competencia.

En la UE, la declaración del valor en aduana se realiza en el documento DV1 (un formulario con dos hojas y copias de color verde), que se puede adquirir en los servicios de las oficinas de aduana. No se exige si el valor en aduana es menor de 10.000 €.

2.3 El origen de las mercancías

El **origen de las mercancías** es el vínculo geográfico que existe ente una mercancía y el país en el que ha sido producida, manufacturada o transformada.

Si en la producción de un bien intervienen dos o más países, el bien será originario del país donde se haya producido la última transformación substancial, donde cambiará su código arancelario.

Es importante determinar correctamente cuál es el origen porque la aplicación de un tipo de un arancel u otro dependerá de este. Es decir, el origen de la mercancía determina si el arancel es normal, reducido o incrementado, o si no se aplica y se considera libre de derechos.

Cuando el país de origen de las mercancías y el de destino mantienen acuerdos de preferencias arancelarias, la empresa importadora se puede beneficiar de un arancel reducido o dc una importación libre de derechos. Para ello, es necesario probar el origen preferencial de la mercancía a través de la presentación de al menos uno de estos documentos (dependerá del país de destino):

- Certificado de origen modelo A o **FORM-A.**
- Declaración en factura: ***Origine of good: UE - Spain,*** por ejemplo.
- En el caso de la UE, certificado de circulación de mercancías **EUR-1.**

El certificado de origen es un documento útil para:

- Controlar los contingentes arancelarios concedidos a las importaciones de un país determinado. Estos contingentes constituyen cantidades específicas de mercancías que gozan de acceso preferencial a cierto país, y que durante un período de tiempo están total o parcialmente exentas del pago de derechos arancelarios.
- Acreditar que la mercancía es originaria del país mencionado en el documento para la aplicación de los derechos arancelarios.

Para que el certificado de origen sea válido es necesario que se extienda en formularios oficiales, que lo expida una autoridad competente o una entidad reconocida (habitualmente una cámara de comercio) y que contenga las indicaciones necesarias para identificar la mercancía.

3 Clasificación arancelaria de la mercancía

En el comercio internacional, todas las mercancías que son objeto de tráfico están identificadas por un código aduanero *(customs code)*, que es la base para obtener información relevante sobre las condiciones de entrada de dichas mercancías en otros mercados. Este código aparece descrito en la documentación de envío, como facturas, documento de transporte, certificado de origen, etc.

Para la clasificación arancelaria de la mercancía, existe una nomenclatura aceptada por la Organización Mundial de Comercio (OMC), el Sistema Armonizado de Designación y Codificación de Mercancías *(Harmonized System Code o HS Code)*. Se trata de un sistema jerárquico de clasificación en el que el máximo grado de detalle se refleja en el nivel de seis dígitos. A partir de esa codificación, cada país desarrolla sus propias nomenclaturas, de manera que se puedan diferenciar con más detalle las mercancías.

La correcta clasificación arancelaria de los productos es una herramienta para establecer políticas comerciales nacionales y para:

- Acceder a información sobre los requisitos de acceso a otros mercados (licencias, derechos arancelarios, tributos, certificados o inspecciones, por ejemplo).
- Realizar los trámites documentales asociados (documentos aduaneros o de control estadístico).
- Elaborar estadísticas de comercio exterior.

El Sistema Armonizado (SA) se caracteriza por ser:

- Polivalente, ya que todas las mercancías son clasificables. Siempre existe una partida o subpartida residual llamada *los demás,* donde poder clasificar un producto cuya categoría sea imprecisa.
- Estructurado, ya que constituye una estructura basada en subpartidas y partidas, agrupadas en 97 capítulos, articulados en 15 secciones.

La lógica de la ordenación de las mercancías viene determinada por el grado de elaboración del producto, siempre de menor a mayor (materias primas, productos brutos, semiproductos y productos terminados).

El arancel que se aplique a una exportación se basará en el país de origen, en su código arancelario y en el valor de la mercancía.

En la UE, la codificación Taric permite la aplicación de derechos aduaneros distintos del arancel aduanero común, como:

- Suspensiones temporales de derechos.
- Derechos *antidumping*.
- Otras medidas de gestión de política comercial comunitaria.

De los diez dígitos del código Taric, los seis primeros corresponden al Sistema Armonizado.

El código Taric se exige para identificar las mercancías en los trámites documentales de las operaciones de importación y exportación de la UE con terceros países. Su motivo es el control de los flujos comerciales de un producto concreto o aplicar medidas específicas.

4. Entrega a cliente

4.1 Despacho de importación

Cuando la mercancía llega al puerto de destino, se debe avisar a quien figure en el documento de transporte como *notify* (notifique), para que acuda a la aduana. Allí podrá despachar la mercancía a través del pago de los derechos de importación, así como el IVA correspondiente a la importación.

Cuando se solicita el despacho de importación a libre práctica, es decir, cuando se admite la declaración de aduana, se origina una deuda tributaria, que se calcula

antidumping

Medidas que pueden tomar los países importadores para defender a sus productores frente a los países exportadores que no aplican a sus productos precios de mercado. Los gobiernos utilizan estrategias colectivas como el código antidumping GATT *(General Agreement on Tariff and Trade* o Acuerdo General sobre Aranceles y Comercio), suscrito en 1947, por iniciativa de Naciones Unidas.

partiendo del valor en aduana de la mercancía y añadiendo impuestos, derechos, y gravámenes devengados por la importación, más comisiones, gastos de embalaje o transporte y seguro hasta el mismo momento del despacho de importación.

Aquí la partida arancelaria que identifica la mercancía que ha viajado, determinará el arancel.

4.2 Intrastat en la Unión Europea

La formación de la Unión Europea significó la libre circulación de mercancías entre los estados miembros y, en la práctica, la supresión de las aduanas fronterizas entre ellos y de la documentación aduanera que desde estas se generaba. De este modo, también se perdió la información para las estadísticas de comercio exterior que se conseguía a través de dicha documentación.

Para contrarrestar esa pérdida de información, se implantó el sistema Intrastat, que permite obtener datos estadísticos sobre los intercambios de bienes entre los estados pertenecientes a la UE.

Están obligadas a presentar el Intrastat de manera mensual aquellas empresas con adquisiciones o entregas intracomunitarias mayores a 250.000 €, aunque se puede delegar la presentación en un tercer declarante, como puede ser una cámara de comercio.

El sistema Intrastat permite que cada Estado miembro de la UE devuelva el IVA gravado a todo sujeto pasivo que no esté establecido en el mismo, pero sí en otro Estado miembro. Para obtener la devolución de las cuotas del IVA soportadas, cada empresa debe dirigirse a las autoridades competentes del Estado donde se soportan dichas cuotas.

Para poder actuar en este sentido, las empresas radicadas en la UE que vayan a realizar operaciones comerciales con otras empresas en otros estados de la UE, bien sean intercambios de bienes o de servicios, deben darse de alta como operadores intracomunitarios, lo cual supone su inscripción en el censo VIES (Sistema de Intercambio de Información sobre el IVA). Este censo es un registro de operadores disponible para su consulta en la sede electrónica de la agencia tributaria de cada país.

En el momento de emitir una factura a otra empresa de un país de la UE, la empresa exportadora debe consultar el censo para saber si la destinataria figura en él. De estar inscrita, la factura no llevará IVA. De lo contrario, sí llevará el impuesto, como si se facturara a un particular.

La solicitud de inclusión en el registro de operadores intracomunitarios se realiza mediante la presentación en la Agencia Tributaria del modelo censal 036. Si se acepta la inclusión en el ROI (Registro de Operadores Intracomunitarios), se asignará a la empresa un NIF-IVA, formado por el Número de Identificación Fiscal de la sociedad, precedido del prefijo identificativo del país.

La partida arancelaria que figura en la factura será la que declare en el Intrastat como expedición la empresa vendedora, y como introducción la que lo compra.

Capítulo 4

Modos de transporte

1 Infraestructuras relacionadas con el comercio internacional

Las principales infraestructuras de un Estado son las redes ferroviarias y de carreteras, y los sistemas portuarios y aeroportuarios.

Para las operaciones de comercio internacional es importante conocer la red de carreteras tanto del país de origen como del país de destino, así como las de los países de tránsito.

En relación a las carreteras, los aspectos que más influyen en el transporte son:

– La extensión y el grado de desarrollo de las autovías y autopistas, y conocer cuáles son de peaje.
– El carácter radial o mallado de la red de autovías y autopistas.
– La accesibilidad por carretera a las diferentes partes del territorio.
– El grado de seguridad de la red y los posibles tramos peligrosos.

También es importante conocer el servicio que puede prestar la red ferroviaria, para lo que es necesario tener en cuenta la longitud de las líneas, la tipología de material rodante para mercancías, si la red está electrificada o no, los tipos de tráficos y su frecuencia en según qué tramos y líneas, la integración de la red del país con la de los países vecinos y los servicios para acceder a las grandes urbes.

En cuanto a los puertos, principales centros de tráfico de exportaciones e importaciones en países costeros, hay que conocer su posición geográfica y dimensión, las infraestructuras portuarias, los accesos terrestres de qué disponen y su integración con las tramas urbanas más próximas.

2 Nodos logísticos internacionales

Las **plataformas logísticas multimodales** o **nodos logísticos** son áreas donde se desarrolla el transporte y la logística de bienes por medio de empresas operadoras especializadas, y donde se conectan diferentes modos de transporte. Dicha conectividad es clave cuando el concepto «puerto a puerto» se sustituye progresivamente por el de «puerta a puerta».

En el transporte marítimo, este tipo de infraestructuras, también conocidas como **puerto *hub***, se ubican en puertos donde se trata de aprovechar las economías de escala de las rutas transoceánicas internacionales. En ellos pueden concentrarse los contenedores en un mismo recinto o terminal y, por medio de una amplia red de servicios, ser distribuidos hacia otros lugares. Así, un *hub* es el punto concentrador de una red de transporte que, con el apoyo de buques alimentadores o *feeders,* se conecta con los lugares de producción y consumo.

La función nodal implica que no solo se realicen actividades de transporte, sino que también se desarrollen otras actividades logísticas y de distribución nacional e internacional.

Un nodo logístico requiere de un amplio recinto con un elevado nivel de conectividad. Por ello se consolidan como *hubs* aquellos puertos con una ubicación estratégica, que logran alcanzar un gran volumen de tráficos y que se dotan de in-

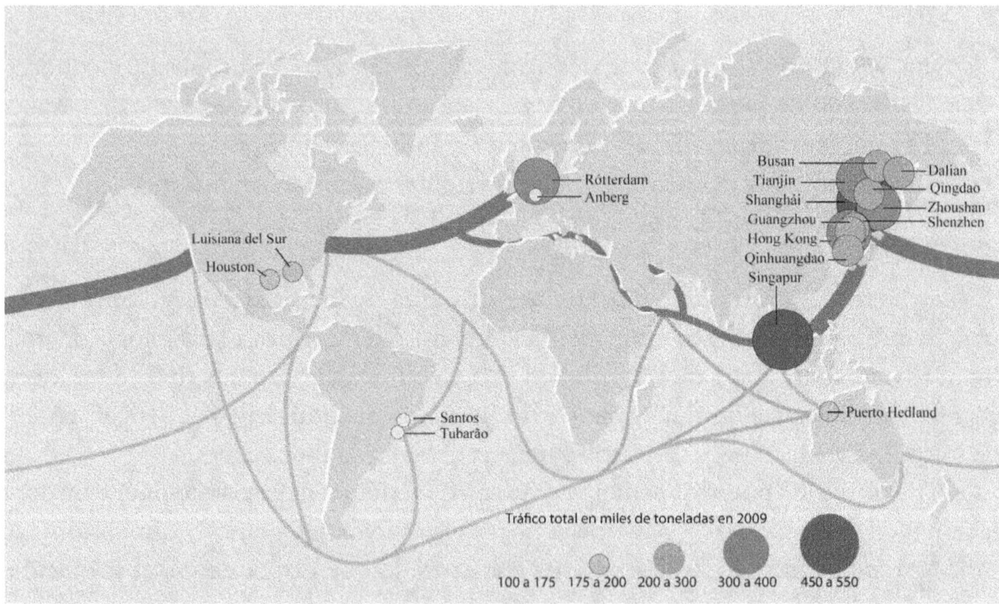

Figura 4.1. **Mapa mundial que recoge el tráfico de los mayores puertos *hub*.**

fraestructuras adecuadas para actuar como plataforma logística para la recepción, el almacenaje y la distribución de mercancías.

Actualmente son *hubs* internacionales los puertos de Hong Kong, Singapur o Dubai, en Asia; y Rotterdam, Hamburgo o Amberes, en Europa; mientras que son *hubs* regionales los puertos de Algeciras, La Spezia o Pireo, en el sur de Europa, entre otros.

En general, las plataformas logísticas multimodales ofrecen servicios que generan un alto valor añadido a la mercancía, con una base tecnológica importante y una mejora continua de sus procedimientos. Estos servicios permiten implantar procesos que generan eficiencia en la cadena productiva, como la diferenciación de productos en etapas finales a través de la manufactura, el ensamblaje o el embalaje *(postponement),* por ejemplo, con lo que se obtiene una flexibilidad y una adaptación máxima al mercado.

Con este enfoque, los puertos trabajan para alinearse con su traspaís o *hinterland* (área de influencia terrestre de un puerto), estableciendo redes de conexión con otros modos de transporte, para potenciar las infraestructuras y los servicios portuarios.

3   Modos de transporte

3.1   Transporte marítimo

El sistema portuario de un Estado suele estar integrado por los puertos comerciales de interés general.

En ellos, la comunidad portuaria de cada puerto reúne al conjunto de órganos de control y gestión del puerto y de las empresas que participan en la cadena de transporte intermodal, tales como autoridades portuarias, aduanas, representantes aduaneros o agentes de aduanas, estibadoras, terminales, navieras, transitarias, transportistas terrestres y un compendio de servicios auxiliares.

La misión del puerto es atender el conjunto de las necesidades logísticas de sus usuarios. Por ello, las administraciones portuarias actúan para controlar los tráficos,

buque alimentador

Buque portacontenedores interoceánico, utilizado para transportar contenedores entre puertos oceánicos concentradores o *hub* y puertos de menor tamaño o *feeder,* dentro de una misma área geográfica, mediante navegación de cabotaje.

coordinar las operaciones, señalizar, alumbrar, vigilar y dar seguridad a las mercancías y a los buques, disponer de planes de emergencias y gestionar el mantenimiento y la limpieza de las zonas comunes.

Las infraestructuras del puerto permiten prestar los siguientes servicios:

- **Servicios al buque**
  Recepción de deshechos de residuos sólidos y líquidos, amarre y desamarre de buques, remolque, pesaje de equipaje y vehículos, practicaje o asesoramiento a capitanes para facilitar la entrada, la salida y las maniobras interiores.

- **Servicios al pasaje**
  Embarque y desembarque de pasajeros, carga y descarga de equipajes y vehículos.

- **Servicios de manipulación y transporte de mercancía**
  Carga, estiba, desestiba (manipulación de la mercancía desde la bodega hasta estar suspendida al costado del buque), descarga (traslado de la mercancía desde que está suspendida al costado del buque hasta la explanada), transbordo, depósito y transporte rodado, entre otros.

- **Servicios comerciales y otros servicios**

Entre las actuaciones que realizan las administraciones portuarias destacan la construcción de infraestructuras, la integración de los nodos portuarios, la mejora de la seguridad marítima y de salvamento, la creación de accesos terrestres, la implantación de medidas de gestión medioambiental y el desarrollo de las autopistas del mar.

El transporte marítimo de corta distancia (TMCD), también denominado *short sea shipping* (SSS), es aquel con origen o destino no transoceánico y que tiene lu-

transporte intermodal

Sistema integral de transporte de mercancías, agrupadas en unidades de carga, que utiliza más de un modo de transporte (marítimo, ferroviario, carretera o aéreo) entre el punto de origen y el de destino al amparo de un único documento de transporte, sin manipular las mercancías fuera de la unidad de carga.

gar entre puertos de un mismo país o región, configurando cadenas intermodales marítimo-terrestres.

El TMCD es una alternativa al transporte por carretera, con el objetivo de reducir la contaminación atmosférica y acústica que este genera y con ello los costos medioambientales, el consumo de energía y materias primas, la congestión de las carreteras, además de mejorar la seguridad viaria.

3.2 Transporte por carretera

El camión es una unidad de transporte que permite trasladar un elevado volumen de cargas.

La globalización económica se ha basado en gran medida en el uso extendido del contenedor, que ha incrementado el nivel de intermodalidad. Un ejemplo de ello es el uso del camión para la recogida de cargas en el punto de origen y el tránsito hasta el puerto de salida, y para el traslado desde el puerto de llegada al lugar de destino. Así, el transporte por carretera puede verse como un eslabón entre la recogida y la entrega, dentro de una cadena de transporte, o como un modo de transporte que ofrece un servicio completo y directo puerta a puerta.

Las empresas transportistas orientan sus estrategias de manera que puedan aportar un valor añadido en ámbitos como la gestión de la información, ofertando

Figura 4.2. Centro logístico CIM Vallès en la región metropolitana de Barcelona.

trayectos intermodales, facilitando la posibilidad de almacenamiento o en la unificación de responsabilidades sobre las mercancías que se transportan.

3.3 Transporte ferroviario

Para incrementar su participación en las cuotas modales de transporte, el transporte por ferrocarril ofrece progresivamente un servicio fiable, a buen precio e integrado en cadenas logísticas intermodales. Para ello, establece alianzas estratégicas con otros modos de transporte y aplica las tecnologías de la información y la comunicación.

A nivel de infraestructuras, es determinante su conexión con los puertos, donde inserta terminales de mercancías en las zonas portuarias para el intercambio modal. Del mismo modo, son fundamentales los accesos para los vehículos de transporte por carretera a las terminales ferroviarias.

La capacidad de las estaciones y terminales ha de ser consecuente con los volúmenes que se acostumbran a mover, evitando cuellos de botella o demanda muy dispersa, además de combinar los servicios de pasajeros con los de mercancías.

La oferta de servicios de transporte ferroviario puede presentarse como tren cliente o tren multicliente:

Figura 4.3. Transporte intermodal de semirremolques cargados sobre vagones canguro.

- **Tren cliente**

  Es la oferta, bajo contrato, de un tren completo ida y vuelta, donde quedan descritos el origen y destino, la capacidad de carga del tren, el horario de salida y llegada, el programa de carga y descarga, la puesta a disposición y la integración en la cadena logística pormenorizada.

- **Tren multicliente**

  Se realiza a través de redes especializadas que unen los principales centros de producción con los de consumo, a través de servicios regulares de ida y vuelta, programados según horarios. Estos servicios acostumbran a disponer de varias frecuencias al día, de manera que se maximice la capacidad de los trenes, proporcionando precios competitivos y estables. Además, se puede reservar por anticipado y se facilitan servicios adicionales, como recogida y entrega. La unidad de contratación es la unidad de transporte intermodal (UTI) de 20, 30, 40 y 45 pies. Generalmente, la contratación se puede gestionar a través de internet.

3.4 Transporte aéreo

La carga aérea es uno de los motores de la economía mundial. Aproximadamente, el 30 % del valor de las mercancías del comercio mundial se transporta en avión. Este modo de transporte está concentrado principalmente en los tránsitos entre Norteamérica, Asia y Europa.

Este sistema de transporte es ventajoso debido a su rapidez y su gran alcance, a la fiabilidad y seguridad, y a la garantía en los tiempos de entrega.

Estas ventajas hacen que el transporte aéreo sea el idóneo para productos perecederos, como ciertos alimentos frescos o flores; productos que quieren anticiparse al mercado, como nuevas temporadas en moda; abastecimiento de productos con riesgo de rotura de *stock,* que podrían provocar una parada en una cadena de producción; elementos empleados en el trasplantes de órganos, vacunas y material farmacéutico; o productos de poco volumen y alto valor añadido que a su vez conlleven cierta fragilidad, como los perfumes.

Al valor de estas mercancías puede ir asociado un impacto, daño o penalización por un retraso en la entrega, bien por su carácter necesario o perecedero, o por la cadena de suministro a la que estén ligadas. Por ejemplo, una máquina puede necesitar llegar a tiempo a una obra, porque va a ser instalada en la azotea y el costo de contratación de una grúa torre genere más gasto que el del transporte aéreo.

Figura 4.4. Operaciones de carga-descarga de un avión carguero en una terminal aeroportuaria.

La accesibilidad puede ser otro motivo para emplear este modo de transporte. Por ejemplo, usar un helicóptero puede ser la única manera de acceder a ciertos tejados en zonas céntricas de las grandes ciudades, y en ocasiones una avioneta es el único modo de acceso a ciertas islas o áreas aisladas.

Sin embargo, las mercancías transportadas por vía aérea representan únicamente un 0.5-2 % del tráfico mundial en toneladas. Esto es debido a algunas desventajas del transporte aéreo, como son su elevado costo, limitaciones de capacidad (por ejemplo, la altura de los palés está limitada por las puertas de acceso a la bodega) o la unidireccionalidad (no hay retorno de envases, por ejemplo). Por otro lado, tiene una elevada dependencia del transporte por carretera, que es el modo de transporte que alimenta los *hub* de las aerolíneas y distribuye la carga, aportando la capilaridad necesaria desde la terminal aeroportuaria y llegando a los puntos finales de destino

carga completa

Denominación que se da a la contratación y el llenado por la empresa cargadora de una unidad completa de transporte que viajará de origen a destino: un barco, un avión, un vagón ferroviario o un camión. Esta modalidad de transporte puede clasificarse en granel y carga embalada.

Análisis de los modos de transporte		
	Aspectos positivos	**Aspectos negativos**

Carretera	• Rapidez
	• Sin rigidez horaria
	• Flexibilidad (redes alternativas)
	• Regularidad (tiempos de tránsito)
	• Costo (menor al aéreo)
	• Accesibilidad
	• Independencia
	• Seguridad (un solo cargador)
	• Versatilidad (tipología de camión)
	• Formas de contratación:
	  – Carga completa
	  – Grupaje
	  – Paquetería urgente
		• Congestiones de tráfico
		• Accidentalidad
		• Contaminación y costos ambientales
		• Costo (mayor al del ferrocarril y del marítimo)
		• Tacógrafo
		• Costos de infraestructuras

Ferrocarril	• Gran capacidad • Líder grandes volúmenes < 400 km • Flexible • Regularidad (horarios) • Baja siniestralidad • Menor impacto ambiental • Sin atascos • Puertos secos • Trenes de alta velocidad • Estandarización redes para contenedores (conexión a puertos)	• El ancho de vía puede cambiar entre países vecinos y en ciertos países obliga al trasbordo de la carga en la frontera. Un sistema de cambio de ejes mitiga este inconveniente, pero provoca pérdidas de tiempo • Dependencia de otros modos • Baja penetrabilidad

Aéreo	• Rapidez: idóneo para productos perecederos o animales vivos
	• Seguridad
	• Seguro económico
	• Baja siniestralidad
	• Accesibilidad
	• La documentación, carta de porte aéreo (AWB), es válida para todo el trayecto
	• Formalidades aduaneras más rápidas
		• Alto costo
		• Restricciones:
		  – Grandes masas
		  – Materias primas o graneles
		• No apto para grandes volúmenes
		• Inclemencias atmosféricas

Marítimo	• Gran capacidad • Líder en gran volumen a larga distancia • Bajo costo por tonelada • Seguridad (incidencias) • Bajo impacto ambiental • Flexibilidad en tamaños • Versatilidad (tipologías de buques)	• Lentitud • Poca frecuencia de salida • Riesgos (hundimientos, incendios, costos portuarios) • Seguro costoso • Embalaje costoso (riesgo de humedades) • El flete no es caro, pero hay muchas operaciones que encarecen: carga-descarga, estiba-desestiba, trincaje, costos portuarios, etc.

Tabla 4.1. Análisis comparativo entre modos de transporte.

mediante servicios de alimentación por superficie *(road feeder service* o RFS). Estos servicios, realizados por operadores de transporte, de manera programada, permiten ofrecer servicios de transporte aéreo de carga a lugares donde no vuelan aviones. A algunos de ellos se les asigna un número de vuelo de la aerolínea.

Por lo tanto, se puede optar por la carga aérea en largas distancias (normalmente mayores de 1.200 km), en cargas de baja densidad (generalmente menores a 200 kg/m^3), o cuando se comercie con bienes que precisen de un transporte urgente y requieran de un servicio regular, fiable y seguro.

El costo del transporte aéreo se puede ver afectado por el precio del combustible, la fluctuación de las divisas, los acuerdos bilaterales entre gobiernos en torno a los espacios aéreos, las restricciones de los aeropuertos, los cambios en los flujos de comercio o las inestabilidades políticas, entre otros condicionantes.

La carga puede volar, según sus características, en las bodegas de las aeronaves de pasaje o bien en cargueros puros.

Habitualmente, el transporte en **bodegas** ofrece una buena relación calidad-costo. Aunque su oferta es limitada, esto permite reducir su riesgo económico. Tiene restricciones físicas, como la altura de los palés, que suele recomendarse inferior a 1.6 o 1.8 m.

Los aviones **cargueros** pueden mover mayores volúmenes. Su puerta puede permitir alturas de 2.3 m, así como densidades de dos toneladas por metro cuadrado. Para cargas complicadas, por tener longitudes superiores a 10 m o por presentar superficies difíciles de manejar, es posible que la compañía aérea solicite planos de carga o dibujos técnicos, para estudiar su mejor distribución, o bien puede requerir el envío en piezas individuales sobre palés, para que sea el propio personal del avión quien se encargue del amarre con redes u otros medios de estiba. Los cargueros tienen, a su vez, una programación flexible y pueden realizar paradas intermedias. Sus costos son elevados y se ven afectados por los desequilibrios estacionales, así como por la unidireccionalidad de la carga.

Los principales aeropuertos del mundo son los de Hong Kong, Shanghai, Seul, Tokio y Singapur (Asia); Dubai (Oriente Medio); Memphis, Anchorage, Louisville y Miami (Estados Unidos); y Frankfurt y París (Europa).

3.4.1 Agentes del transporte aéreo de carga

Los agentes que intervienen, principalmente, en la operativa aeroportuaria respecto a la logística de las mercancías son:

- El **expedidor,** la empresa exportadora o la importadora por cuenta de la cual se realiza el envío.

- La empresa **transitaria,** agente que organiza el viaje y ofrece soluciones globles.
- El **operador de carga,** contratado por la aerolínea, que prepara la mercancía para ser embarcada o la que sale del avión para ser cargada en el camión.
- El **operador de rampa,** contratado por la aerolínea, que realiza las operaciones de transporte de las mercancías en la plataforma de aeronaves, y las carga y descarga de las aeronaves. Es el nexo entre el avión y la terminal de carga.
- La **aduana,** organismo público encargado de aplicar la legislación aduanera y de la recaudación de los derechos e impuestos sobre la mercancía.
- Los **servicios de inspección fronteriza,** organismos públicos encargados de inspecciones de animales, plantas, etc., para la protección de la vida y la salud, y para el control de la calidad.
- La **compañía aérea,** que lleva a cabo el transporte. Hay diversos tipos de compañías. Pueden ser regulares de pasaje y carga, en las que la carga es una actividad principal; pueden ser de pasaje, en las que la carga es una actividad complementaria; también pueden ser de chárter de pasaje, en los que la carga es una actividad totalmente residual, como en las compañías de bajo costo; o exclusivamente de carga (regular o chárter) o integradores *(courier).*

Para atender las necesidades logísticas del transporte aéreo de mercancías, existen los centros de carga aérea, con infraestructuras y servicios especializados, ubicados en recintos aeroportuarios delimitados, y dotados de accesos terrestres (lado tierra) y de acceso directo al lado aire. Constan de edificios de oficinas y aparcamientos, terminales para operaciones de carga y espacios para empresas transitarias, de manera que los operadores estén concentrados y dispongan de instalaciones y servicios públicos y comerciales, como aduanas, bancos o restauración.

A raíz de los atentados del 11 de septiembre de 2001, se incrementaron las medidas de seguridad en el transporte aéreo, de modo que la cadena de suministro quede asegurada de principio a fin.

4 Estrategia para seleccionar el modo de transporte adecuado

El modo de transporte más adecuado se debe seleccionar de acuerdo con la valoración de los siguientes factores:

- Distancia entre origen y destino.
- Tiempos de tránsito entre los diferentes modos de transporte y servicios.
- Flexibilidad de cada alternativa de transporte.

- Peso, volumen y distribución superficial del envío.
- Si es mercancía manipulable y remontable o no.
- Valor de la mercancía y margen comercial.
- Plazo de entrega requerido.
- Costos de oportunidad, bien por penalizaciones, rotura de *stock,* sistemas justo a tiempo *(just in time),* o por envío de muestras que permiten la aprobación a proyectos o pedidos.

Por lo tanto, para poder adecuar el transporte a las necesidades del expedidor, es necesario conocer la frecuencia, el tiempo de tránsito y el tipo de servicio (directo o indirecto) de la línea naviera, de la compañía aérea o del operador de transporte terrestre.

Además, antes de cargar el vehículo de transporte conviene tener preparados los siguientes elementos y documentación:

- La contratación del seguro de transporte internacional de mercancías del tipo puerta a puerta ICC A, con sus variables para situaciones de huelga o guerra, o equivalente (véase el capítulo 7).
- La documentación que pueda haber solicitado la empresa importadora. Es necesario enviarla tan pronto embarque para evitar paralizaciones en el lugar de destino. Esta documentación se compone de:

  - Factura.
  - Lista de empaque.
  - Certificado de origen.
  - Legalizaciones necesarias.
  - Certificados de inspección.
  - Conocimiento de embarque o carta de porte.

just in time (sistema justo a tiempo)

Filosofía de fabricación, enmarcada en el concepto de «calidad total», cuya meta es la reducción de costos y la eliminación de existencias. El lema de esta filosofía sería: «producir justo lo que se necesita, cuando se necesita, en la cantidad adecuada y al menor costo posible». Su procedimiento logístico se fundamenta en la frecuencia y regularidad de las entregas del proveedor para reducir las existencias en la cadena de suministro.

- El personal adecuado (en número y cualificación) para la carga de la mercancía y evitar paralizaciones en el lugar de origen.
- Un embalaje correcto (en relación con los contenedores, el responsable de la carga es la empresa exportadora).
- Un trincaje y amarre adecuados. El aire puede perjudicar la mercancía contenerizada, por lo que es conveniente llenar al máximo el contenedor o completarlo con materiales de relleno (plástico, cartón, etc.).

5 Transporte multimodal. El transitario

El operador multimodal internacional o agente transitario *(forwarder),* es la figura profesional que proyecta, coordina, controla y dirige todas las operaciones necesarias para efectuar el transporte internacional de mercancías, por cualquier modo y medio de transporte, así como los servicios complementarios al mismo.

Una empresa transportista o agencia de transporte realiza el transporte de ámbito nacional. Sin embargo, el transitario organiza y gestiona el transporte internacional.

La empresa transitaria actúa utilizando todos los medios y tipos de transporte (camión, tren, avión, buque), con mercancía contenerizada o en cualquier otra forma de presentación, y lo hace de acuerdo a las reglas Incoterms que su cliente, como parte compradora o vendedora, haya pactado en el contrato de compraventa. Dispone además de documentos (conocimiento Fiata, carta de porte CMR, conocimiento de embarque marítimo o aéreo, entre otros) y regulaciones (Convenio CMR, Acuerdo ATP y otros convenios) reconocidas por la mayoría de países y organizaciones relacionadas con el comercio internacional.

flete

Retribución que la empresa transportista percibe por el transporte y la entrega de la mercancía, o por el alquiler de un buque o de una parte de éste. Puede ser pagado o debido, mediante lo que se establece si el pago se hace en el lugar de origen o en el de destino, respectivamente. La base de cálculo más utilizada es la tonelada, pero se emplea el metro cúbico si el cálculo es por volumen.

Los documentos Fiata, emitidos por la Federación Internacional de Asociaciones de Transitarios, son los siguientes:

- FCR *(forwarders certificate of receipt):* el transitario certifica que tiene la posesión y control de una mercancía.
- FWR *(forwarders warehouse receipt):* certificado de depósito.
- FCT *(certificate of transport):* el transitario se hace cargo de la mercancía para su expedición y entrega.
- WB *(forwarders multimodal transport):* contrato de transporte multimodal para consolidaciones de expediciones.
- BL *(forwarders multimodal):* contrato de transporte multimodal.

Además de realizar todas las operaciones necesarias, para llevar a cabo el transporte internacional de mercancías, la empresa transitaria puede ofrecer una serie de servicios complementarios, tales como:

- Despacho de aduanas.
- Almacenaje, distribución, y control de existencias.
- Carga y descarga de la mercancía.
- Controles de calidad.
- Pesaje, etiquetado, embalaje y preparación de pedidos.
- Asesoramiento (transacciones comerciales, cálculo de gastos de importación y exportación, operaciones triangulares, etc.).
- Selección y contratación de modos de transporte.
- Creación de líneas de grupaje.

grupaje

Procedimiento de transporte mediante la expedición de partidas de distintos remitentes, de diferente peso, clase o volumen, que por sí solas no ocuparían un equipo o medio de transporte, y que se acondicionan como una única unidad física de manipulación y circulación, con el fin de facilitar su expedición y transporte hacia un destino común (país, ciudad, puerto, aeropuerto, etc.), generalmente un centro desconsolidador desde donde se reexpiden al destinatario final.

– Cobertura contra riesgos en el transporte.
– Consolidación de expediciones.

6 Transporte sucesivo

El transporte combinado o sucesivo es aquel transporte internacional en el que, existiendo un único contrato con el cargador o usuario e interviniendo un operador de transporte multimodal (OTM), es realizado materialmente de forma sucesiva por varias empresas porteadoras, en uno o varios modos de transporte. Como alguna de sus ventajas cabe destacar que existe un único contrato, un único interlocutor y que no se rompe la cadena de transporte y de responsabilidad, lo que facilita la trazabilidad de las mercancías. Su desventaja es que se delega el conocimiento de la legislación aplicable en la empresa transportista seleccionada.

A través de la autorización de despacho y representación, se autoriza por cada operación, o conjunto de operaciones, a ser representado directa o indirectamente ante la aduana y a que se presenten los documentos en nombre de la empresa exportadora.

7 Convenios internacionales

Para agilizar los trámites aduaneros entre el máximo número de países por los que pueda circular un transporte, existen normativas internacionales que evitan que las legislaciones propias de cada país supongan un obstáculo al transporte internacional seguro y rápido.

Dichas normativas son el resultado de acuerdos entre países de modo que se puede establecer la autorización para que un vehículo pueda atravesar un determinado país para llegar a otro, no imponiéndole condiciones técnicas o fiscales mayores que las de los transportes locales, y aplicándole exenciones o cupos del mismo modo que al transporte local.

Los acuerdos multilaterales más importantes son:

- **Convenio CMR**
  El contrato de transporte internacional de mercancías por carretera está regulado por este convenio, aplicable siempre que uno de los países de carga o de descarga sea firmante del convenio.

- **Convenio TIR**

  Es el convenio aduanero relativo al transporte internacional de mercancías por carretera, cuya función es simplificar los trámites aduaneros entre los países que lo suscriben.

- **Convenio ADR**

  Es el acuerdo europeo para el transporte internacional de mercancías peligrosas por carretera.

- **Acuerdo ATP**

  Es el acuerdo para el transporte internacional de mercancías perecederas y los vehículos utilizados en estos transportes.

- **Convención sobre la circulación vial (Convención de Viena)**

  Es el acuerdo sobre circulación y señalización de carreteras más destacable. Uniformiza las normas de circulación y señalización de carreteras, de modo que las señales y marcas viales tengan el mismo significado. Asimismo, establece que las normas de circulación sean equivalentes entre los países. De ese modo un conductor con permiso de circulación expedido en uno de los países firmantes podrá circular por el territorio de cualquier otro país firmante. Del mismo modo, los vehículos autorizados para circular por un determinado país, podrán circular por cualquier otro que haya firmado el acuerdo.

Capítulo 5

Selección de la empresa transportista

1 Búsqueda de transportista

En general, las empresas transportistas se anuncian en directorios especializados, revistas sectoriales, participan en ferias relacionadas con la logística y cuentan con una web donde ofrecen, al menos, sus datos de contacto y sus servicios.

Sin embargo, frecuentemente son ellas mismas las que contactan con las empresas que podrían ser usuarias de sus servicios.

Para la empresa transportista es de suma importancia la gestión comercial, ya que es la que alimenta de carga los vehículos de transporte. Sus departamentos comerciales disponen de bases de datos de empresas exportadoras o importadoras, fabricantes de bienes o distribuidoras de productos que pueden necesitar el transporte de mercancías. Estos departamentos solicitan visitas a dichas empresas con el fin de ofertar sus servicios y establecer una relación comercial.

Para la empresa exportadora o importadora, cuando existe la necesidad de contratar servicios de transporte, puede ser interés conceder el mayor número de entrevistas posible para obtener una visión amplia de las posibilidades que existan en el mercado.

En una entrevista, la empresa transportista ofrecerá los datos fundamentales que permitan valorar la posible conveniencia de sus servicios:

- Modos de transporte que comercializa.
- Destinos donde viaja, campo de especialización y competencia y credenciales.
- Ubicación de sus oficinas comerciales internacionales y de su casa madre *(head offices)*.
- Si dispone o no de flota propia.
- Colaboradores y socios.
- Servicios adicionales.

- Tiempo de respuesta para cotizaciones, reservas, recogidas, etc.
- Tiempo de tránsito en rutas terrestres.
- Navieras con las que trabaja.
- Si realiza servicios de representante aduanero.
- Condiciones de su seguro de transporte.
- Posibilidad de contratar un seguro a todo riesgo.
- Fórmulas de pago aceptadas.

Asimismo, deseará obtener información acerca de su potencial cliente, especialmente sobre los siguientes aspectos:

- Tipología de la mercancía que se quiere transportar: volumen, peso, forma, fragilidad, peligrosidad, embalaje, si es remontable o no, etc.
- Medios de carga de los que dispone: carretilla frontal, muelle de carga, etc.
- Facturación total y porcentaje correspondiente a la exportación.
- Volumen anual de mercancías correspondiente a las expediciones (con destino en la misma área económico-fiscal que la empresa vendedora) y a las exportaciones (distinta área económico-fiscal).
- Destinos habituales.
- Lote habitual de envío: caja, palé, contenedor, etc.
- Porcentaje que representa el transporte dentro de sus costos (esto le dará idea de cómo debe ajustar el precio en sus cotizaciones).
- Proveedores actuales, tanto de transporte como de otras materias primas o componentes.
- Fórmulas de pago a las que se podría comprometer.
- Si realiza operaciones triangulares.
- Si cobra mediante crédito documentario o remesa documental.
- Tipología de clientes.
- Reglas Incoterms que emplea habitualmente.
- Destino de las mercancías (almacén, instalaciones, obras, etc.).

De acuerdo con la información recogida, la empresa transportista hará llegar a su potencial cliente sus mejores tarifas de transporte terrestre o su cotización para un tránsito concreto mediante ferrocarril o por vía aérea o marítima.

2 Selección de transportistas

A los efectos de este capítulo, vamos a tratar la selección de transportista desde la óptica de una empresa exportadora.

Si se han podido realizar un número de entrevistas suficientes, se podrá valorar qué transportista se ha interesado en la propuesta y cuáles han entendido las necesidades y han ofrecido precios ajustados a las mismas (según la frecuencia de salidas, el tipo de servicio, el tiempo de tránsito y la disponibilidad de equipos). Del mismo modo, también se podrá determinar quiénes han jugado a la primera oferta, aplicando márgenes descomunales o no entendiendo la problemática específica.

Conforme se realizan rondas de entrevistas, se irá configurando una parrilla de potenciales proveedores, de manera que la empresa exportadora dispondrá de un conjunto básico de transportistas y transitarias que conozcan su producto, su forma de trabajar y que se adapten a sus necesidades generales o puntuales, ofreciendo una tipología de servicio en consonancia con los requerimientos que vayan recibiendo y, con el paso del tiempo, a la experiencia de trabajo conjunto.

Aquel transportista que muestre ser el colaborador más adecuado, el *partner,* y sepa adelantarse a las necesidades del cliente tendrá asegurado, al menos, conocer las partidas de transporte en juego, porque le consultarán y le darán la oportunidad incluso de ajustar su precio sobre la base de las ofertas recibidas.

Los transportistas que no supieron cotizar correctamente en su primera oportunidad, difícilmente tendrán otra posibilidad.

Es importante ofrecer servicios adecuados y de calidad, con un precio razonable, ya que, incluso cuando no sean contratados sus servicios, los posibles clientes seguirán haciéndole consultas.

Figura 5.1. Camiones dispuestos en las puertas del muelle de carga de un almacén.

3   Negociación con transportistas

Independientemente de que se trabaje durante años con una misma empresa transportista con la que se tenga confianza, existe siempre una inercia por parte de esta a aumentar el margen comercial en la cotización de transporte, según considere garantizado el trabajo con un determinado cliente.

Por ello, es fundamental contar periódicamente con al menos tres cotizaciones para cada tránsito, además de al menos tres tarifas en vigor para transporte terrestre a los destinos más habituales.

Esto permite tener un conocimiento del mercado de fletes, dar un mensaje a la empresa transportista de que debe seguir trabajando para la permanente satisfacción del cliente, y conocer las posibilidades de ahorro de costos, reduciendo el servicio en algún aspecto (haciendo escalas, con tiempos de tránsito más largos, etc.).

No obstante, no es recomendable dejar de trabajar con la transportista que ofrece el mejor servicio, sino controlar que sus precios siguen siendo acordes con los del mercado, y hacerle partícipe de la necesidad de seguir trabajando para conseguir los mejores precios y prestaciones. Es importante recordar a la empresa transportista que, para que la exportadora siga requiriendo sus servicios, es necesario que continúe negociando con navieras o compañías aéreas, de manera que pueda conseguir unas mejores condiciones.

Con un conocimiento adecuado del mercado, se pueden valorar todos esfuerzos, comprender posibles subidas de precio, empatizar con la problemática de la empresa transportista y establecer como objetivo unas tarifas que beneficien a ambas partes.

En el proceso de negociación es importante conocerse a sí mismo (como empresa, con unas características determinadas) y conocer aquellas empresas con las que se trabaja. Por lo tanto, es de suma utilidad tener claro qué tipo de servicio se va a priorizar por ser más conveniente, y qué es lo que supone un aspecto crítico. Si estas necesidades se transmiten correctamente, se puede negociar un precio que cumpla las expectativas y que permita al proveedor una rentabilidad sostenible, que asegure que también este desee seguir trabajando con ese tipo de servicio y tarifa.

4   Contratación de transporte

4.1   *Análisis y cálculo de las cotizaciones de transporte*

Se distinguen principalmente cotizaciones puntuales para el transporte marítimo, aéreo y ferroviario, y tarifas de validez anual para el transporte por carretera.

4.1.1 Cotización del transporte marítimo

Para solicitar una cotización de **transporte marítimo para una exportación,** bien sea con una regla Incoterms FOB (entrega de la mercancía en el puerto de origen) o bien con una CFR (entrega en el puerto de destino), es necesario ofrecer al menos la siguiente información básica a la empresa ofertante:

- Lugar de recogida, puerto de origen y puerto de destino.
- Tipo de contenedor y tamaño (generalmente se solicita un equipo estándar de 20 o 40 pies. También pueden solicitarse contenedores de gran capacidad de 40 o 45 pies, por ejemplo).
- Peso de la mercancía.
- Valor de la mercancía.

Los conceptos habituales que aparecen en las cotizaciones de transporte marítimo son, en el caso de emplear la regla Incoterms FOB, las siguientes:

- Transporte interior hasta el puerto de salida. Puede hacerse mediante camión o ferrocarril.
- Cargo por manipulación en la terminal o THC *(terminal handling charge)*. Dependerá del puerto, de la línea marítima y del tipo de contenedor.
- Tarifa portuaria por utilización del puerto por parte de las mercancías. Es una tasa que varía según la mercancía y se paga por tonelada. En este concepto, a veces se incluye (otras viene independiente) el recargo del Código de Protección de Buques e Instalaciones Portuarias *(ISPS Code)*.
- Documentación. Incluye el despacho de aduanas y la emisión del conocimiento de embarque.
- Despacho de aduanas. Se abona una cantidad según un escalado, que irá en función del valor CIF de la mercancía (valor de la mercancía, más flete y seguro).

código PBIP

Código de Protección de Buques e Instalaciones Portuarias *(Ship and Port Facility Security* o *ISPS Code)*, impulsado por la Organización Marítima Internacional (OMI), para la seguridad del transporte marítimo de mercancías y pasajeros, donde se incluye la protección de los buques y las instalaciones portuarias.

Figura 5.2. Buque portacontenedores.

- Quebranto bancario y obtención de divisas (equivale a un 1 %). En algunos países, como España, en la exportación se paga por este concepto cuando el flete va prepagado y se hace en dólares.

Si se empleara la regla Incoterms CFR habría que añadir el concepto flete.

El **flete marítimo** depende del origen de la mercancía, de los puertos de carga y descarga y del destino final. En Europa y Sudamérica, suele cobrarse en euros, y en resto del mundo, en dólares. Es el concepto donde más diferencia suele haber entre distintas cotizaciones.

- **Recargos**
  En el flete, existen dos recargos que se calculan en la misma moneda que este:

    - *Bunker adjustment factor (BAF):* recargo de combustible, que fluctúa con el valor del petróleo.
    - *Currency adjustment factor (CAF):* recargo por la fluctuación en el cambio de divisas. Cuando la divisa sea el dólar, cuanto más bajo sea su valor, más alto será el CAF.

  También existen suplementos empleados solo por algunas compañías o países:

    - *Honorarios del agente transitario (HAT).* Corresponde con los gastos comerciales de cada transportista, lo que se denomina tramitación y gestión.
    - *Fumigación.* En el caso de aquellos países de destino que lo requieran.

– *Paralizaciones.* Se suelen contemplar dos horas para el llenado de un contenedor de 20', y tres o cuatro horas para uno de 40'. Se acostumbra a cobrar cada hora adicional que el conductor del camión deba esperar a que se termine la operación de llenado.

Opcionalmente, puede existir, bajo demanda, un suplemento por el seguro sobre la mercancía. Un seguro a todo riesgo suele alcanzar el 0.5 % sobre el valor de aquello asegurado (que generalmente es el valor de la mercancía más un 10 %, de manera que se cubra el riesgo comercial). No obstante, el seguro se puede llegar a ajustar al 0.3 o 0.35 %, al igual que se podría encontrar por encima de 0.5 %.

4.1.2   Cotización del transporte aéreo

Para el cálculo del costo de un **envío aéreo de exportación,** se sigue el siguiente método de cálculo:

- Se cubica cada bulto. Para ello se describe el largo, ancho y alto en metros para proceder al cálculo del volumen en metros cúbicos. A continuación, se calcula el peso convertible para transporte aéreo, habitualmente con el ratio de 167 kg/m^3 (esta información vendrá indicada en la cotización).

  1 Se compara el peso convertible obtenido con el real, y se toma para el cálculo de costos el de mayor dimensión. Es decir, si cubica más de lo que pesa, se tomará el peso convertible de referencia, y si pesa más de lo que cubica, se tomará el peso real.
  2 Se calcula el costo del flete multiplicando el peso de mayor dimensión obtenido por la tarifa correspondiente al rango de kilogramos sobre el que se trabaja (generalmente las tarifas están definidas por rangos de peso; es recomendable tomar el rango inmediatamente superior) y el lugar de destino.
  3 Se calcula el costo total del flete. Hay que sumar al costo del flete el recargo de fuel y el precio del seguro, datos que figurarán en las condiciones de partida para cada envío.
  4 Pueden existir recargos adicionales o tasas en dicha tarifa, así como gastos de origen y destino aparte. Uno de estos recargos adicionales, en el caso del territorio español, es el Plan Nacional de Seguridad (PNS).
  5 Se estima el despacho de aduanas y los gastos de gestión.

6 Para el transporte del lugar de carga al aeropuerto *(local trucking)*, se debe prever el costo de la recogida en las instalaciones de la empresa exportadora y los gastos de manipulación en el aeropuerto.

4.1.3 Cotización del transporte ferroviario

Para solicitar una cotización de **transporte por ferrocarril,** las dos posibilidades básicas que hay son:

- *Tren cliente.* Oferta bajo contrato de una unidad de venta consistente en un tren completo de ida y vuelta con condiciones específicas: origen, destino, fecha, horario, programa de carga y descarga e integración logística.
- *Tren multicliente.* Oferta de espacio en una unidad de transporte intermodal (contenedor estándar de 20, 30, 40 o 45 pies) en un tren compartido con otros clientes, a través de un servicio regular desde el lugar de origen al de destino, con varias frecuencias según relaciones y demandas y guía de servicios con precios estables.

4.1.4 Cotización del transporte terrestre

Para solicitar tarifas **de transporte por carretera,** es importante definir primero si se trata de:

- *Carga completa.* Un solo cargador y transporte puerta a puerta.
- *Grupaje.* Se combinan las cargas de varios clientes sobre la base de una línea regular.
- *Paquetería urgente.* Servicio de entrega rápido.

La existencia de diferentes tipologías de carga hace necesario poder disponer de camiones con diferentes características. Un camión frigorífico permite transportar productos perecederos (por su sistema de refrigeración), un camión lona puede albergar carga pesada o de gran volumen (al permitir la carga con puente grúa), así como otros camiones pueden transportar cargas especiales.

De acuerdo con el tipo de carga, la empresa exportadora recibirá tarifas de transporte a los distintos destinos para:

- Camión completo.
- Precios para los distintos rangos de kilogramos convertible. En grupaje se suele usar una ratio de 333 kg/m^3.

Figura 5.3. Transporte ferroviario de graneles líquidos en contenedores cisterna.

En el caso del transporte terrestre, se puede contratar un seguro a todo riesgo, con un costo entre el 6 y el 8 % respecto al costo del transporte, no de la mercancía.

4.2 El contrato de transporte

El contrato de transporte es un contrato en virtud del cual el transportista está obligado a llevar mercancías de un lugar a otro y a entregarlas a quien vayan dirigidas.

En un contrato de transporte intervienen las figuras de:

- Porteador o transportista.
- Cargador o expedidor.
- Consignatario o destinatario.

Este contrato está regulado por la ley, que obliga al cargador a entregar las mercancías, así como los documentos requeridos y al pago del porte, y al porteador, a recibir la mercancía, conducirla, custodiarla y conservarla hasta entrega al destinatario.

Para que el transportista cobre el porte, el consignatario dará constancia del recibo de las mercancías.

4.3   Orden de carga

La orden de carga es un documento sencillo y de rápida tramitación en el que se le da la instrucción a la empresa transportista para ejecutar el porte.

Puede consistir simplemente en un correo electrónico o se puede emplear un formato corporativo en el que se autoriza la carga según las condiciones de la tarifa vigente, o siguiendo una cotización puntual que se debe remarcar, facilitando el número de oferta y la fecha, o incluso adjuntando la cotización. Es de suma importancia que figuren los siguientes datos:

- Tipo de vehículo o equipo que hay que posicionar, dónde (dirección completa) y cuándo (fecha y hora).

- Hay que indicar si existe algún protocolo de seguridad en la dirección de recogida y de entrega. También es necesario mencionar si el conductor debe aportar equipo de protección individual (EPI) o acceder por alguna ubicación o puerta específica. Es muy útil aportar un mapa de la zona.

- Se debe hacer referencia al estado de los equipos, así como indicar reglas de no aceptación de los mismos si el estado no es el adecuado. Por ejemplo, indicar que no se admitirán contenedores con abolladuras porque podría impedir la carga paletizada en su interior.

- Descripción y código aduanero de la mercancía.

- Es conveniente advertir sobre las mercancías y los métodos de carga previstos, por ejemplo, indicar si es necesario el uso de un puente grúa.

crédito documentario

Forma de pago garantizada en una compraventa internacional de mercancías, mediante la que la empresa importadora ordena a su banco (banco emisor) que proceda al pago de la operación cuando el banco de la exportadora presente la documentación acreditativa del envío de la mercancía en los términos acordados.

- Dirección de destino de la carga, así como el teléfono de contacto del consignatario para que le notifiquen la llegada de la mercancía al país de destino.

- Es recomendable informar de los horarios de apertura, tanto en origen como en destino. Especialmente de la hora de cierre en la dirección de carga, así como recordar si a la llegada la entrega se ha de realizar a unas horas determinadas, por disponibilidad de grúas en una pequeña franja horaria, por ejemplo, o con una hora límite.

- Si el consignatario está en una obra, hay que facilitarle al conductor la referencia de la persona de contacto y los permisos necesarios.

- Si existe algún crédito documentario vinculado a la venta de la mercancía que viaja, hay que hacérselo llegar a la empresa transportista.

- Es necesario proporcionar la documentación básica para el transporte, así como para el despacho de aduanas. Generalmente, es suficiente con entregar la lista de contenido y la factura comercial.

- En el transporte marítimo es recomendable solicitar la fecha estimada de embarque o ETD *(estimated time of departure)* y la de llegada o ETA *(estimated time of arrival)*, así como informarse de las herramientas disponibles para hacer el seguimiento del envío.

- Hay que determinar explícitamente si se desea contratar seguro o no y qué tipo de póliza.

- Se debe hacer mención explícita a la tarifa a la que se acoge la orden de carga, o a la oferta puntual de transporte, indicando su cantidad, así como la fecha y la validez. Si es posible, conviene realizar el cálculo del costo del transporte e indicarlo, para evitar que haya conceptos olvidados o mal interpretados.

- La forma de pago será la de la oferta a la que aludamos, siempre que no exista una nota diferente.

4.4 Forma de pago

La fórmula de pago del transporte internacional se acoge a unos estándares. En el territorio español, por ejemplo, los transportes terrestres nacionales se suelen cobrar a 60 días y los internacionales a 30 días desde la fecha de emisión de la factura.

Las empresas de transporte terrestre pueden agrupar los portes realizados durante un mes y generar una única factura al final del mismo. Sin embargo, algunas empresas facturan a mediados de mes y a finales, para no agrupar excesiva carga sin facturar y saldar antes su pago.

Los transportes por vía marítima o aérea en general, suelen facturar los portes de uno en uno. La fecha de factura suele coincidir con la de embarque o la de vuelo.

Cuando no se ha trabajado anteriormente con una empresa transportista y se la selecciona urgentemente (por ejemplo, por disponibilidad de equipos, o porque está parcialmente contratada por el destinatario, como es el caso de una regla Incoterms FOB), es habitual que esta solicite el pago por adelantado y que no libere el despacho hasta recibir el pago.

4.5   Negociación de paralizaciones en carga y días libres de descarga

Uno de los sobrecostos no previstos que incrementan la factura del transporte corresponde a las paralizaciones. Estas suelen ser sobrevenidas, pero con un poco de criterio se podrían prevenir, negociar por adelantado o al menos acotar.

Es recomendable tener en cuenta estas observaciones en cuanto a paralizaciones en el lugar de origen:

- Un contenedor de 20' incluye en su cotización dos horas de carga. Un camión o un contenedor 40' suele llevar tres horas incluidas, pero se pueden negociar incluso cuatro horas si se estima que será una carga complicada.

- Si se sabe que la carga tomará más de cuatro horas, en lugar de esperar a que facturen la penalización, sobre la que no se podrá actuar, es mejor adelantarse y negociar alguna hora extra sin costos, establecer un costo por hora adicional, o bien plantearse incluso dejar la caja del camión o el contenedor por la noche

cabeza tractora

Vehículo a motor que actúa como tractor de arrastre de un semirremolque, formando con él un conjunto articulado denominado «tráiler». Dispone de una plataforma situada sobre el eje motor, denominada «quinta rueda», sobre la que apoya parte de su peso el semirremolque, que carece de eje delantero.

en las instalaciones donde se realiza la carga, llevándose solo la cabeza tractora, y acordando la recogida a la mañana siguiente De esta forma, el tacógrafo juega a favor del conductor, y probablemente no se vea perjudicado el tiempo de tránsito estimado.

- Un contenedor, una vez cargado, va directo al puerto de salida y queda en él hasta el embarque hacia el destino previsto. Si por alguna causa interesara retenerlo en dicho puerto de origen (bien para evitar paralizaciones más caras en el de destino, bien para consolidar una exportación de varios contenedores con una única factura, o porque es necesario unificar una entrega), sufrirá un costo de paralización por parte de la compañía naviera. Es conveniente conocer este importe antes de cargar, porque ello permitirá realizar un pequeño análisis de qué es más conveniente, si emplear un almacén antes de llegar al puerto o si almacenar en destino, entre otras posibilidades, por ejemplo.

En cuanto a posibles paralizaciones en el lugar de destino, cabe observar lo siguiente:

- Un contenedor debe ser despachado en la aduana de importación del país de destino, lo más pronto posible desde la llegada del barco al puerto. A partir de ese momento, se debe retirar la mercancía, bien al destino definitivo o bien a un almacén temporal, cuanto antes. Siempre será más económico gestionar un almacén externo al puerto que pagar paralizaciones a la naviera.

- Se suele negociar con la naviera una serie de días libres para la recogida de los bienes desde el momento en que se descarga el contenedor del barco. Lo habitual es estipular entre 10 y 15 días, pero depende en todo caso de la compañía naviera.

- En el conocimiento de embarque (B/L), es donde viene indicado el número de días permitidos para la retirada de bienes sin costo, desde descarga del barco. A partir de ese momento, se cobran las paralizaciones, también llamadas *demurrages* o *detention fees*.

- En las cartas de crédito, puede ocurrir que el clausulado obligue a más de 15 días de paralización permitida en el puerto sin costo. Es peligroso aceptar este tipo de condicionado, porque es probable que la naviera rehúse indicar en el B/L más días de los permitidos como su estándar. Por ejemplo, no escribirá de manera explícita en el B/L algo como *«21 days free time demurrages»* si sus condiciones generales son 15 días, y la razón es simplemente porque no le está permitido. Lo que se puede hacer es pagar en origen la diferencia entre 15 y 21 días, de modo que los seis días adicionales no es que sean sin costo, sino que son pagados por la empresa exportadora. En este caso, la naviera podría acceder a establecer en el B/L un texto del tipo: *«21 days demurrage at destination to shipper account»,* que indica que la empresa importadora dispondrá de 21 días para liberar la mercancía porque es la expedidora quien se hace cargo de los días adicionales sobre el estándar de la naviera.

- Por otro lado, la aduana del país de destino fija igualmente unos días sin costo para el despacho, y algún día adicional tras el despacho, para retirar la mercancía, sin embargo, la suma de estos días no tiene por qué coincidir con los días totales que permite la naviera. Esto dependerá de la aduana del país de destino y es algo que fluctúa mucho, desde 35 días en aduanas europeas a siete días para despacho más tres días de retirada de las mercancías como ocurre en aduanas de Oriente Medio. Desde ese momento, se pagan gastos de aduanas.

- Si no se recogieran los bienes, el cargador sería el responsable del pago de las paralizaciones e impuestos.

- Pasar el periodo permitido en la aduana para la retirada de bienes tiene, además de un costo, un riesgo adicional, ya que podrían subastarse las mercancías por las autoridades locales, sin ninguna responsabilidad para la empresa transportista.

Capítulo 6

Documentación de transporte

Los documentos, en el comercio exterior, son importantes en la medida en que proporcionan seguridad a las operaciones de compraventa. Son la base de los medios de pago más seguros y permiten la ejecución del trámite aduanero.

En la aduana, junto con la declaración de exportación, se presentan la factura comercial, los documentos relativos al transporte y al régimen aduanero correspondiente, o aquellos necesarios para la aplicación de derechos de exportación, el cálculo de restituciones u otras cantidades compensatorias.

También pueden ser requeridos en la aduana de destino diversos documentos de información, certificación y control. Los más habituales son:

- Certificado de origen, para probar el país de origen de las mercancías.
- Certificado sanitario, para animales vivos.
- Certificado fitosanitario, para productos vegetales,
- Certificado veterinario, para animales vivos, su alimentación o, en general, productos de origen animal.
- Certificado de acompañamiento, para el caso del alcohol.
- Certificado de control de calidad comercial.[1]
- Certificado Cites, para especies amenazadas de fauna y flora silvestre.
- Permiso sanitario para medicamentos o estupefacientes.
- Cuaderno ATA (para exportaciones temporales de mercancía que retorna, como la de ferias, exhibiciones o material periodístico).

---

[1] En España, certificado Soivre, que expide el Servicio Oficial de Inspección, Vigilancia y Regulación de las Exportaciones.

En general, según el producto y el destino, se pueden necesitar diversos certificados de inspección, análisis, libre venta y circulación, así como autorizaciones o permisos a la exportación.

1 Documento de viaje

1.1 Conocimiento de embarque (B/L)

El conocimiento de embarque o *bill of lading* (B/L), es un documento emitido por la compañía naviera o su agente, donde confirma la recepción de la mercancía para su transporte al puerto de destino, en el buque que se indica.

El B/L se emite por triplicado, de modo que la propiedad de la mercancía corresponde a quien presente las tres hojas originales. Aparte, se pueden emitir las copias no negociables que se requieran, aunque lo habitual es de tres a seis.

El B/L sirve de título de crédito, por su capacidad de otorgar la propiedad a quien disponga del documento. Así pues, se puede emitir a la orden, permitiendo un endoso posterior a través de su firma en el dorso de cada hoja original. Si no fuera a la orden, sería nominativo al destinatario. Existe también el tipo al portador, pero es peligroso por el riego del robo.

Es importante consignar bien el B/L, por ejemplo, en un crédito documentario cuyo condicionado diga textualmente *«made out to shipper's order and endorsed to order of the bank»*. Se tendría que consignar al exportador *(shipper)* y no al banco. No obstante, sí que habría que firmarlo y sellarlo por el dorso, después de endosarlo al banco.

Antiguamente, cuando la mercancía llegaba al puerto de destino en perfecto estado, se anotaba en el documento *«clean on board»*, y esto es algo que sigue figurando en algunos condicionados de créditos documentarios. Sin embargo, actualmente solo se marca la fórmula *«shipped on board»*. Es importante tenerlo en cuenta en caso de pago mediante esta fórmula, pues podrían solicitarlo en alguna cláusula, creando una discrepancia innecesaria. Lo principalmente necesario es que el documento de transporte esté debidamente firmado y sellado, con la firma y la naviera *(carrier)* identificadas, y con la anotación de «a bordo» fechada.

Además, en los créditos documentarios, por ser garantías de pago, lo normal es enviar el B/L en la valija documental. Si aceptáramos enviar al banco, en la valija documental, un documento que se ha de firmar tras la recepción de la mercancía en el punto de destino, habría que enviar por otro conducto, ajeno al crédito, el B/L para que pudieran abrir la unidad de carga, verificar el estado y firmar el do-

<u>**Code Name: "COMBICONBILL"**</u>

Shipper

B/L No.

Reference No.

N e g o t i a b l e
COMBINED TRANSPORT BILL OF LADING
Revised 1995

Consigned to order of

Notify party/address

Place of receipt

Ocean Vessel | Port of loading

Port of discharge | Place of delivery | Freight payable at | Number of original Bills of Lading

Marks and Nos. | Quantity and description of goods | Gross weight, kg, Measurement, m³

Particulars above declared by Shipper

Freight and charges

RECEIVED the goods in apparent good order and condition and, as far as ascertained by reasonable means of checking, as specified above unless otherwise stated.
The Carrier, in accordance with and to the extent of the provisions contained in this Bill of Lading, and with liberty to sub-contract, undertakes to perform and/or in his own name to procure performance of the combined transport and the delivery of the goods, including all services related thereto, from the place and time of taking the goods in charge to the place and time of delivery and accepts responsibility for such transport and such services.
One of the Bills of Lading must be surrendered duly endorsed in exchange for the goods or delivery order.
IN WITNESS whereof TWO (2) original Bills of Lading have been signed, if not otherwise stated above, one of which being accomplished the other(s) to be void.

Shipper's declared value of ......

Place and date of issue

subject to payment of above extra charge.

Signed for

.... as Carrier

Note:
The Merchant's attention is called to the fact that according to Clauses 10 to 12 and Clause 24 of this Bill of Lading, the liability of the Carrieris, in most cases, limited in respect of loss of or damage to the goods and delay.

by ....

As agent(s) only to the Carrier

Printed by the BIMCO Charter Party Editor

p.t.o.

Figura 6.1. Modelo de conocimiento de embarque marítimo combinado (B/L).

cumento de recepción de mercancía. Por lo tanto, con un B/L fuera de la valija, no existe ninguna garantía de cobro, ya que es posible acceder a la mercancía por fuera del crédito y, en consecuencia, este servirá solo como instrumento de financiación. Ocurriría lo mismo si una cláusula en un crédito documentario solicitara el envío de originales del B/L vía *courier,* por fuera de la valija del banco. Estas cláusulas, en general, no deben admitirse.

Del mismo modo, si se despachara con factura y con un único B/L exprés, la mercancía quedaría liberada a disposición del cliente sin necesidad de ningún documento requerido en el condicionado del crédito documentario. Esto, si bien agiliza la entrega a un cliente de confianza y evita el posible pago de paralizaciones en el puerto de destino, no se debería autorizar hasta recabar y entregar toda la documentación que exija el crédito. De otra manera, no se tendría, en ningún caso, garantía de cobro de la mercancía, y sin embargo, sí se asumiría el riesgo de devolución del paquete documental a través del banco. De hecho, no se debería entregar hasta que los documentos hayan sido aceptados por el cliente y el crédito documentario esté tramitado y en cobro.

En cualquier caso, cuando se desea colaborar con el cliente, por la urgencia en la recepción o por evitarle pagos innecesarios para liberar la mercancía, la empresa transportista puede facilitar a la exportadora un documento donde se autoriza la entrega de la mercancía sin los tres originales del B/L, y en su lugar mediante un B/L exprés. Esto se suele hacer siempre que haya un pago adelantado. En los demás casos, es mejor tener garantizado el cobro de la operación.

1.2 Carta de porte CMR

La carta de porte de transporte por carretera, CMR, es un documento emitido por la empresa transportista, bajo la responsabilidad de la expedidora que debe revisarlo, ya que cumple la función tanto de contrato de transporte, como acuse de recibo de la mercancía cargada y como instrucciones de viaje. En él figuran la empresa expedidora, la destinataria y la transportista, y la descripción de la mercancía transportada. Se emiten cuatro ejemplares, uno para cada agente antes mencionado, y un cuarto que debe ser devuelto a la remitente una vez firmado y sellado por la destinataria.

No es un título de crédito como el B/L, por lo tanto no es negociable ni se puede endosar.

El CMR recoge la normativa relacionada con el convenio CMR para el transporte por carretera por otros países distintos del propio.

Es importante es que en los albaranes de recepción de la mercancía no se firme que esta es conforme, sino que se dejen siempre reservas anotadas. Es decir, que quien

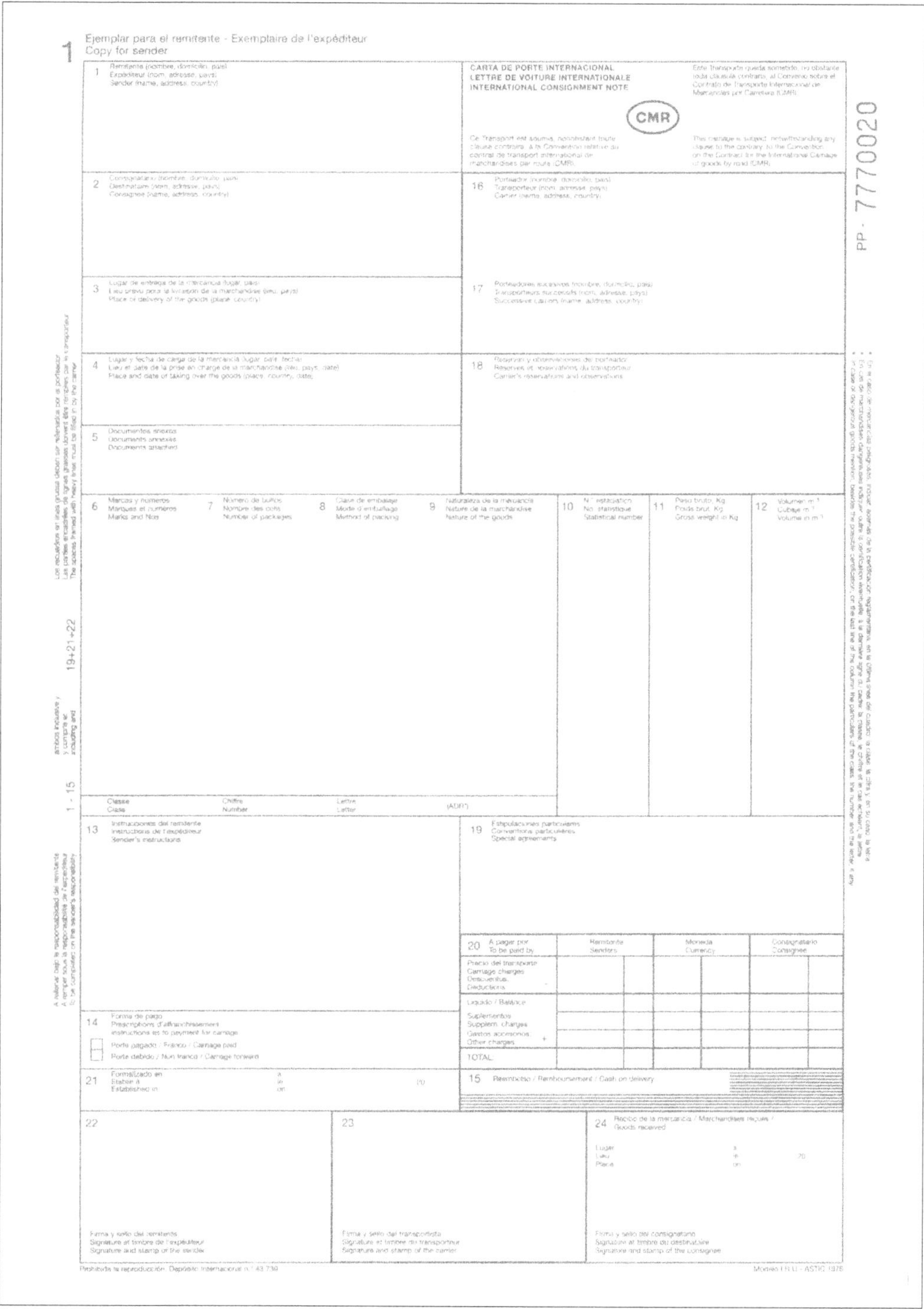

Figura 6.2. **Modelo de contrato de transporte internacional de mercancías por carretera (CMR).**

recibe la mercancía se reserva el derecho de verificar más tarde el estado de la misma. Con esto se dispone de algún día adicional para realizar la reclamación por daños en el transporte, si los hubiera. Se reserva así el derecho de anotar incidencias al desembalar, porque si se firma como conforme (Ok) el CMR, ya no hay forma legal de reclamar dichas incidencias.

También es recomendable realizar siempre fotografías de los bultos antes de descargar las piezas del camión o contenedor. Especialmente hay que fotografiar si se observan piezas dañadas. Con esto se sigue la trazabilidad de los daños y se puede determinar si la causa ha sido la operación de estiba o el transporte, o si el daño se ha producido durante la descarga de la mercancía del camión por parte del cliente.

Es importante observar que en el transporte por carretera intervienen muchos factores que el transportista efectivo no puede controlar, y que impiden que se puedan proporcionar horarios exactos de llegada. En ocasiones, se contratan varias entregas con un orden específico para un programa de descarga en una obra. Si los camiones no llegan a su destino en el orden correcto para la instalación, no se podrá penalizar este hecho, ya que es decisión de la empresa importadora descargar o no el camión que llegó con adelanto, o si por el contrario su descarga debe esperar a la llegada del primer vehículo solicitado. Si el cliente decide unilateralmente descargar el camión que llegó adelantado, y llevar la mercancía a un almacén o área intermedia, con el costo que ello pueda generar, no habrá forma de reclamar al transportista. Las decisiones de ese tipo hay que consensuarlas. En teoría, lo que el cliente puede hacer es no realizar la descarga del camión que llego con antelación hasta la llegada del camión cuya descarga se contrató en primer lugar. Solo si realmente alguno de los camiones ha llegado más tarde de lo previsto, en fecha y no en orden, es posible reclamar el retraso, demostrando que la demora ha repercutido en algún tipo de daño porque, por ejemplo, se ha debido contratar una grúa más horas o días de los previstos.

En el transporte internacional no se puede reclamar, por lo general, si un camión llega tarde a cargar. La razón es que, a no ser que haya algo específicamente pactado y con costo asociados, el transportista no considera que cause pérdida de tiempo a la expedidora, porque se supone que el personal puede trabajar en sus instalaciones en otras tareas y la actividad no queda paralizada. Sin embargo, este punto de vista es erróneo porque, en cualquier caso, alterar la planificación siempre conlleva costo o ineficiencia. Solo si se acuerda algo específico al respecto, el transportista se comprometerá a pagar una penalización por un retraso. Este tipo de pactos en los que se garantiza una hora de llegada del camión, tanto para la carga como para la descarga, acarrean un costo extra en la tarifa, aunque es el único modo de obtener un abono o penalización en caso de que el camión acuda a cargar o a entregar con retraso, además de contar con el compromiso adicional del transportista por cumplir con los horarios solicitados.

Si un camión no llega a tiempo a causa de un pinchazo o avería, la situación está contemplada dentro del criterio de aceptación general y no es posible reclamar, de acuerdo con las tarifas básicas generales. Sí se podría si se aumentan los precios de la tarifa básica, introduciendo un compromiso de hora.

Para evitar que un transportista cobre las paralizaciones en la carga (suelen incluirse en la tarifa dos horas en la carga de medio camión o un de un contenedor de 20', y tres horas para un camión o contenedor de 40'), es conveniente acordar por adelantado con el transportista operaciones de carga de más horas. Esto puede implicar un gravamen en la tarifa de esas horas extras de paralización, que en lugar de ser un extra cobrado solo cuando se necesita puntualmente, se cobrará por defecto en todas las cargas, sea o no necesario. Acostumbra a ser más rentable trabajar con el precio básico e incrementarlo solo cuando se necesite. Es conveniente advertir del hecho de que las cargas pueden ser de larga duración, para asegurar que el transportista no ofrece resistencia y que se cargan las horas extras al costo convenido.

Otra manera de garantizar que no hay retrasos en la carga y que el conductor acude a la carga con el tacógrafo completo es solicitando exclusividad. Esto implica que el conductor no estará operativo el día previo al completo o desde cierta hora, lo que supondrá un costo que se repercutirá en el precio, igual que la contratación de un doble conductor, que asegura la conducción continuada sin la limitación del tacógrafo.

1.3 Carta de porte ferroviario (CIM)

La carta de porte ferroviario (CIM) es un documento que regula el transporte internacional ferroviario entre los países conectados por ferrocarril que pertenezcan al Convenio COTIF-CIM.

El documento CIM cubre el trayecto completo incluso cuando pasa por terceros países, o aunque intervenga más de un ferrocarril.

Este documento es la prueba del contrato de transporte y además forma parte del título de propiedad de la mercancía. El transportista se obliga a realizar el traslado de esta en las condiciones acordadas, de acuerdo con un precio determinado. El expedidor tiene la obligación de enviar el conocimiento original al consignatario, para que este, al presentar el documento debidamente firmado y la liquidación por el transporte efectuado, pueda retirar en el destino la carga.

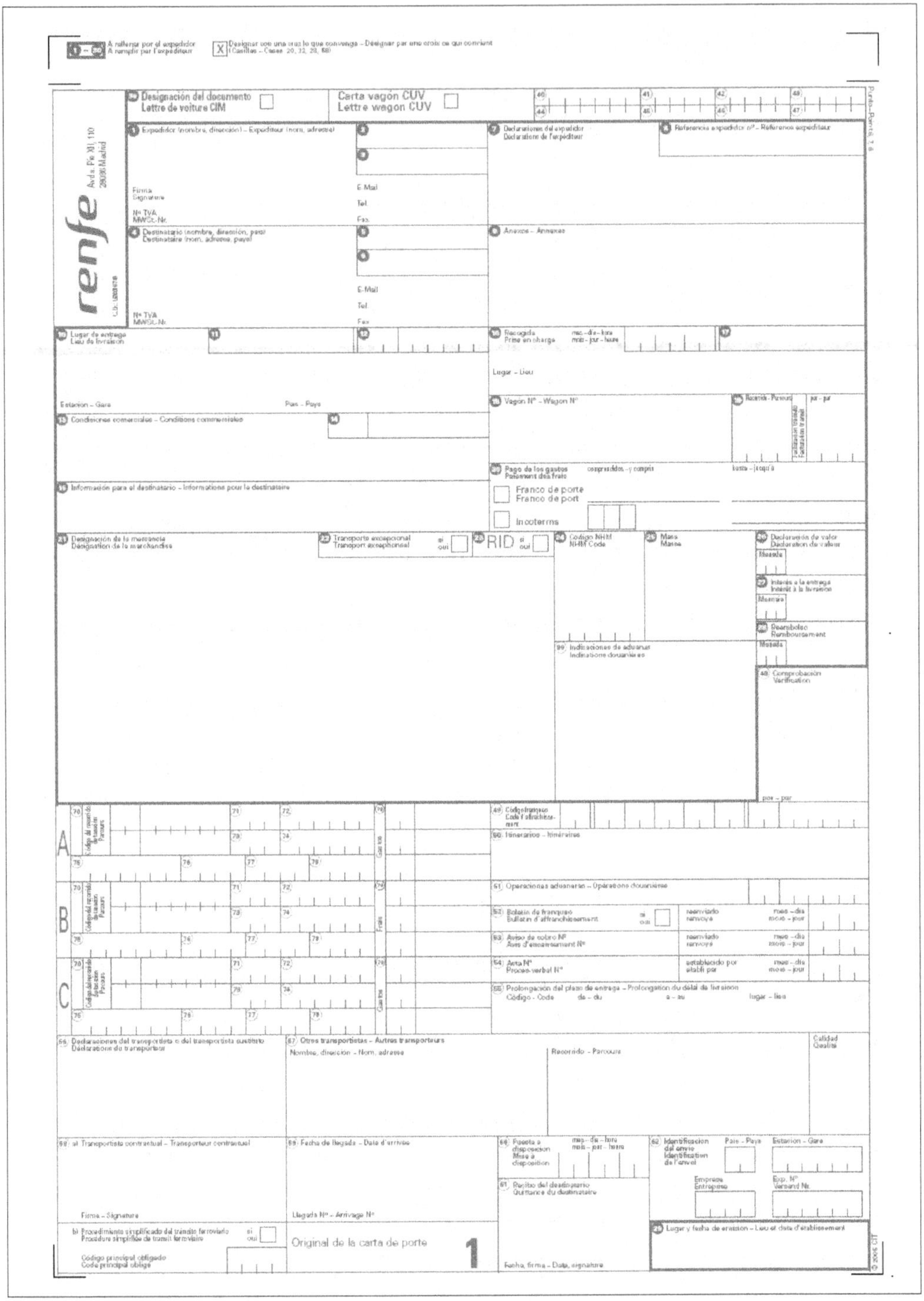

Figura 6.3. Modelo de carta de porte de transporte ferroviario (CIM).

La carta de porte CIM debe ser cumplimentada por el expedidor, en el idioma del país de origen y en el de destino. Además, todas las mercancías amparadas por la carta CIM viajarán en un único vagón.

En la carta de porte figurarán la fecha, el nombre de la primera estación y el de la de destino, la ruta que se seguirá, el expedidor, el destinatario, la descripción de la mercancía, el peso y volumen de los bultos, y su peligrosidad.

1.4   Carta de porte aéreo (AWB)

El conocimiento de embarque aéreo o carta de porte aéreo AWB *(air waybill)* es el documento que emite la compañía aérea o un agente de carga aérea IATA (Asociación de Transporte Aéreo Internacional) autorizado, como contrato de transporte aéreo entre la compañía aérea y la expedidora. Mediante el AWB, la compañía aérea reconoce haber recibido una mercancía para transportarla al aeropuerto de destino identificado por un código.

Consta de tres originales no negociables, es decir, la compañía aérea entregará la mercancía al destinatario del conocimiento de embarque, sea o no el propietario.

El AWB es la prueba del contrato de transporte y contiene el clausulado en su reverso. También actúa de acuse de recibo, contiene instrucciones para el transportista y, a diferencia de los conocimientos de embarque de otros modos de transporte, sirve también de declaración para el despacho aduanero y como certificado de seguro.

2   Documentación aduanera

2.1   Documento único administrativo (DUA)

Este documento es una declaración aduanera y tributaria que se presenta para el despacho de mercancías en las aduanas de la Unión Europea, análogo al que existe en otros lugares del mundo.

La exportación es un régimen aduanero que permite la salida de una mercancía de un determinado territorio aduanero, con la obligación formal de su declaración en la aduana.

La declaración de exportación se puede presentar en la aduana del lugar donde estuviera establecida la empresa exportadora, o bien en la del punto de embalaje o carga de la mercancía para su transporte y exportación.

| BCN | 015233 | | AWB 001 - 9361 4603 | HAWB 015233 |

Air Waybill

Shipper Name and Address / Shipper's Account Number

IBERITAL DE RECAMBIOS S.A.
C/AGRICULTURA,21,NAVE 12,POL.IND.EL
PLA, 08980 SANT FELIU DE LLOBREGAT
BARCELONA - SPAIN

Issued By

Copies 1, 2 and 3 of this Air Waybill are originals and have the same validity.

Consignee Name and Address / Consignee's Account Number

ROWLAND COFFEE ROASTERS INC.
5605 NW, 82ND AVE.
33166 - FL5605 MIAMI - USA

It is agreed that the goods described herein are accepted in apparent good order and condition (except as noted) for carriage SUBJECT TO THE CONDITIONS OF CONTRACT ON THE REVERSE HEREOF, ALL GOODS MAY BE CARRIED BY ANY OTHER MEANS INCLUDING ROAD OR ANY OTHER CARRIER UNLESS SPECIFIC CONTRARY INSTRUCTIONS ARE GIVEN HEREON BY THE SHIPPER, AND SHIPPER AGREES THAT THE SHIPMENT MAY BE CARRIED VIA INTERMEDIATE STOPPING PLACES WHICH THE CARRIER DEEMS APPROPRIATE THE SHIPPER'S ATTENTION IS DRAWN TO THE NOTICE CONCERNING CARRIER'S LIMITATION OF LIABILITY. Shipper may increase such limitation of liability by declaring a higher value for carriage and paying a supplemental charge if required.

Issuing Carrier's Agent Name and City

MULTILOGISTICS SPAIN, S.A.
08830 SANT BOI LLOBREGAT
935510334

Accounting Information

Agent's AITA Code
78-47317/0882

Account No.

Airport of Departure (Addr. of First Carrier) and Requested Routing
BARCELONA

Reference Number / Optional Shipping Information

To	By First Carrier	to	by	to	by	Currency	CHGS Code	WT/VAL		Other		Declared Value for Carriage	Declared Value for Customs
								PPD	COLL	PPD	COLL		
MIA	AMERICAN AIRLINES					EUR			X		X	NVD	NCV

| Airport of Destination | Flight Date | For Carrier Use Only | Flight Date | Amount of Insurance |
| MIAMI | AA 113/12 | | | XXX |

INSURANCE - If carrier offers insurance, and such insurance is requested in accordance with the consitions thereof, indicate amount to be insured in figures in box marked"Amount of Insurance".

Handling Information

ATTACHED ENVELOPE WITH DOCUMENTS.

SCI
STATUS : X

No. of Pieces RCP	Gross Weight	kg lb	Rate Class / Commodity Item No.	Chargeable Weight	Rate / Charge	Total	Nature and Quantity of Goods (Inc. Dimensions or Volume)
1	270	K	Q	270		AS AGREED	SPARE PARTS FOR COFFEE MACHINES
1	270	K				AS AGREED	120x80x81 CM x 1 VOL. 0,778 M3 130K

| Prepaid | Weight Charge | Collect | Other Charges |
| | AS AGREED | | |

Valuation Charge

Tax

Total Other Charges Due Agent

Total Other Charges Due Carrier

Shipper certifies that the particulars on the face hereof are correct and that insofar as any part of the consignment contains dangerous goods, such part is property decribed by name and is in proper condition for carriage by air according to the applicable Dangerous Goods Regulations.

CONTINENTAL WORLDWIDE LOGISTICS SL

Signature of Shipper or his Agent

| Total Prepaid | Total Collect |
| | AS AGREED |

| Currency Convertion Rates | CC Charges in Dest. Currency |

09/OCT/15 SANT BOI DE LLOBR   Jordi Albert

Executed on (date)   at (place)   Signature of Issuing Carrier or its Agent

| For Carriers Use only at Destination | Charges at Destination | Total Collect Charges |

HAWB 015233

No.9 - COPY for AGENT

Figura 6.4. Modelo de carta de porte aéreo (AWB).

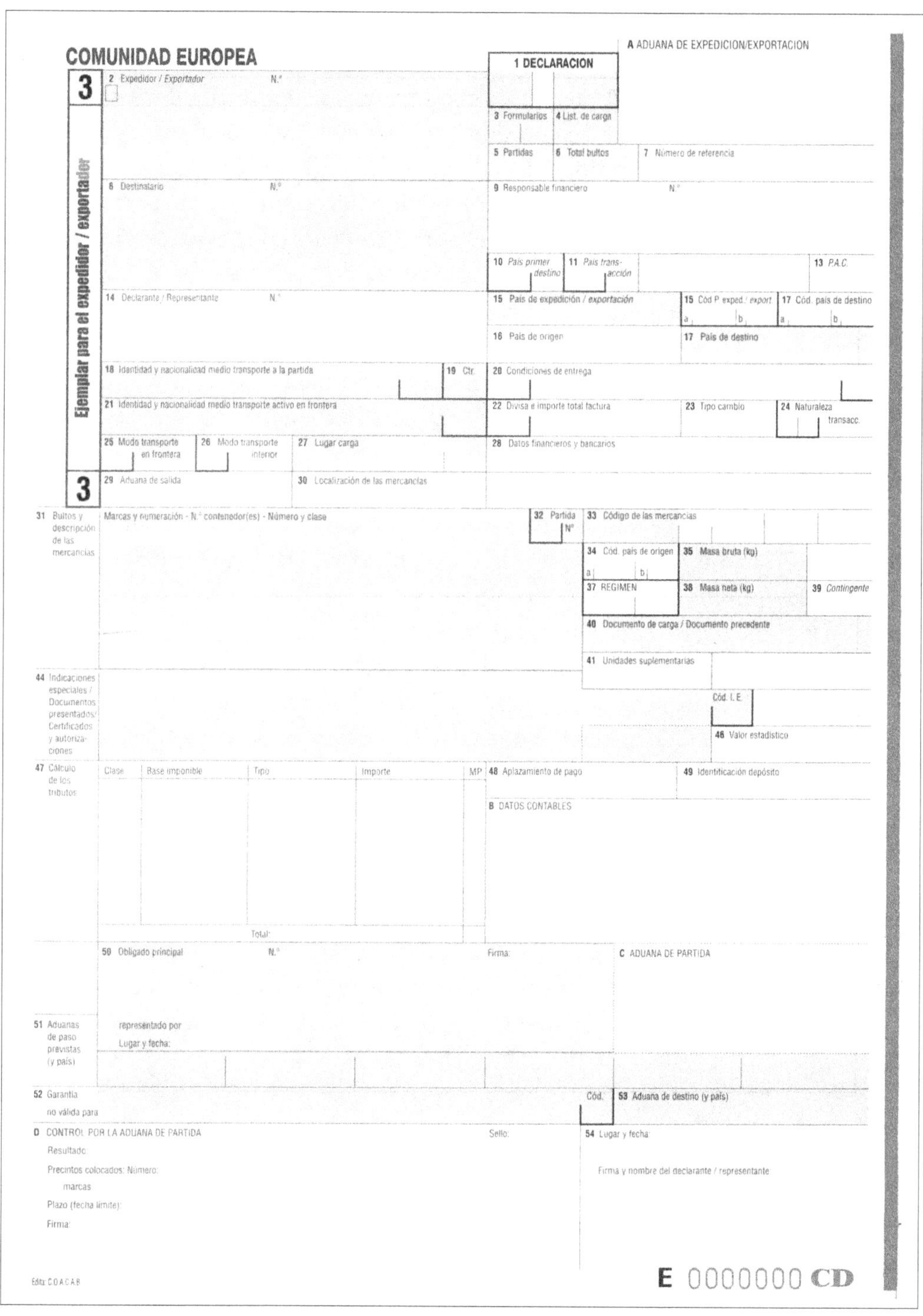

Figura 6.5. Ejemplar número 3 del documento único administrativo (DUA) que utiliza la empresa exportadora.

El DUA es el documento fehaciente de salida, y es suficiente presentar su ejemplar número 3 para demostrar la exportación a efectos de impuesto sobre el valor añadido (IVA). Por lo tanto, dado que la exportación está exenta de IVA en la UE, la única forma de acreditar ante una posible inspección el por qué no se ha presentado el IVA de ciertas facturas consideradas «de fuera de la UE», es presentando esta hoja del DUA, que acredita que la mercancía ha salido del territorio aduanero.

Existen casos de empresas que vendían a otras con sede en el exterior, facturándoles y recibiendo pagos, sin que la mercancía saliera de la UE porque se procesaba o revendía dentro de esta, pero que servía para percibir subvenciones a la exportación o realizar otros fraudes a la Hacienda pública. Por eso es necesaria una prueba fehaciente de que la mercancía ha sido realmente exportada. Este ejemplar número 3 lo debe enviar el transportista al cargador tras el embarque. Si no se recibe hay que reclamarla. Posteriormente, se debe archivar y tener disponible, conservándola durante el plazo de prescripción del IVA.

El exportador es la persona física o jurídica por cuya cuenta se realiza la declaración de exportación. No es necesario que sea propietaria de la mercancía, basta que al formalizar el DUA tenga un poder válido.

En operaciones de exportación triangulares, donde se vende a una empresa nacional para la reexportación a terceros países, se puede facturar al cliente nacional sin IVA, asegurando que la mercancía saldrá de la UE. Esto se consigue si en el DUA, cuando la mercancía abandona la UE, quien figura como exportadora es la empresa cargadora y se le hace entrega del ejemplar número 3 que atestigua que dicha mercancía salió reexportada. En caso contrario, no se debería admitir facturar a un cliente nacional sin IVA.

2.2 Factura

La factura es el documento comercial más importante. En actividades de exportación, lo habitual y recomendable es que la exportadora genere un documento

reexportación

Salida o exportación desde un determinado territorio aduanero de mercancías de terceros países que habían sido introducidas en un depósito aduanero o se habían importado de manera temporal con anterioridad.

provisional llamado **factura proforma**, donde figura toda la información que rodea la operación de compraventa. En ella, se especifican el precio y las condiciones de venta a modo de oferta. De hecho, especialmente si hay buena relación entre la empresa exportadora y la importadora, puede servir como sustituto del documento de oferta. Es favorable, por lo tanto, que en la factura proforma se determine un periodo máximo de validez.

La factura proforma suele emplearse para acompañar muestras sin valor comercial (en ella figurará el valor estadístico de la mercancía para fines de cálculo del seguro, del pago de aranceles, etc.) y para solicitar licencias de importación. Pero su uso más importante es para la apertura de un crédito documentario, dado que el banco emisor le requerirá a la empresa importadora una factura proforma de la operación, que se deberá adjuntar a la solicitud de apertura.

Así pues, una vez que se emita la factura definitiva, esta debe ser coherente con la factura proforma a la que responde (aludiendo a su número y fecha), o si no la hubiera, con el contrato de compraventa acordado, o con la oferta a la que hace alusión y con su confirmación de pedido. Además, la factura tendrá su propia numeración, fecha, denominaciones de las empresas exportadora e importadora, así como sus identificaciones fiscales, domicilios y teléfonos.

En la factura ha de figurar una clara descripción de los productos, con su precio de venta, tanto unitarios como el totales. Dependiendo del país, puede existir algún tipo de cargo que se tenga que aplicar sobre los precios de venta brutos, sin descuentos, por lo que puede que para el cliente no sea interesante que los descuentos comerciales o *rappels* figuren en la factura, y requiera que en la factura figure solo el precio neto de los productos.

En cualquier caso, la factura la emite la empresa exportadora tras confirmar la venta, de manera que la importadora pueda abonarle el importe de los productos y servicios suministrados. Por lo tanto, debe especificar las condiciones de pago y, si es posible, la fecha de vencimiento para evitar errores en la interpretación del día de pago establecido. Existen unas terminologías algo complicadas, como 10FDM, que es el día 10 después de fin de mes, o los días 10 y 25, u otras variantes que al añadirse a los días de pago tras facturar pueden llevar a cierta confusión.

En el caso de venta de productos, la factura debería contener una descripción de los elementos enviados similar a la de la lista de empaque, añadiendo sus precios unitarios, y haciendo que el número de bultos, las dimensiones de los palés y el volumen total ocupado, aparezcan explícitamente. Esta descripción detallada facilita mucho la identificación de la mercancía al que corresponde cada envío y facilita su abono, así como la distribución del valor del contenido en el caso de embarques parciales. En realidad, permite que la factura contenga toda la información necesaria para la exportación, pudiendo ya no ser necesaria una lista de empaque adicional y reduciendo el número de documentos que se han de preparar y gestionar.

Es recomendable añadir siempre en la factura la partida arancelaria del producto o *customs code*. Esto facilitará el reconocimiento de la mercancía en las aduanas, y su identificación de manera homogénea a la hora de cumplimentar el Intrastat en introducciones y expediciones dentro de la Unión Europea.

El origen de las mercancías se puede demostrar por medio de un certificado de origen o por un certificado de circulación EUR-1 o ATR, pero incluir en la factura la leyenda «origen de los bienes: UE» u *«origin of goods: EU»* puede ser suficiente para exportaciones desde la UE a países como Marruecos.

2.3 Lista de contenido y de pesos

La lista de contenido *(packing list)* o lista de empaque, también llamada relación de contenido, sirve para completar la información que figura en la factura.

Es un documento emitido y firmado por la empresa exportadora, y su importancia en el despacho aduanero responde a que facilita a las autoridades aduaneras el reconocimiento selectivo de la mercancía transportada, permitiendo inspeccionar cualquier producto de la factura de manera aislada, al poder identificar exactamente el bulto en el que se encuentra. Por este motivo, los bultos deben estar numerados, descritos por su volumen y su peso y, dependiendo de la aduana, la exportadora puede estar interesada en identificarlos adicionalmente mediante una numeración y etiquetas.

Esta descripción de los bultos sirve asimismo para determinar la mercancía afectada, en caso de un daño a un bulto determinado en el transporte.

Una lista de contenido debe contener los datos del remitente, los del receptor, la fecha de carga, la descripción de los bultos en peso, volumen y cantidad, y alusión a la factura vinculada. Este documento no puede ser modificado después de presentarlo en la aduana, y solo esta tiene potestad para cambiarlo.

La lista de pesos *(weight list)* únicamente recoge los pesos de los bultos que conforman la carga, por lo que lo habitual es emplear una lista de contenido y de pesos unificada, aunque normalmente se haga referencia a ella únicamente como lista de contenido.

La información que se ofrece en la lista de contenido es obligatoria para cualquier operación de comercio internacional, y solo puede obviarse si va incluida en la propia factura. En general, si la comercialización es por peso o volumen, una carga a granel sin envase exterior, sin marcas, etc., se suele emitir la factura comercial con el detalle descriptivo del contenido incluido. Si no, en general, lo apropiado sería elaborar una lista de contenido completa por separado.

2.4 Catálogos

Cuando la administración aduanera determina que una mercancía sea despachada por el circuito o canal naranja, puede solicitar a la empresa exportadora los justificantes de pago, el pedido o los contratos de compraventa, entre otros documentos, así como una carta firmada que describa la mercancía cargada, indicando su origen, destino, etc.

En general, lo que más agiliza el trámite aduanero, ya que facilita la inspección de la mercancía, es toda aquella documentación que identifique visualmente los bienes correspondientes a cada nomenclatura usada en la lista de contenido. Se pueden emplear fotografías, planos y dibujos técnicos, entre otros recursos. Sin embargo, la identificación más sencilla se logra, principalmente, con los catálogos.

Se prima la rapidez, por lo que facilitar catálogos en formatos digitales (en formato pdf, por ejemplo), informar de la web de referencia, y ofrecer un vínculo a plataformas de almacenamiento en línea en las que haya almacenadas fotografías de la mercancía, facilitará el desarrollo del trámite. Esto es crítico principalmente cuando se acerca el momento del cierre del embarque *(closing)* de la naviera y se corre el riesgo de perder el barco, con el consecuente retraso.

3 Gestión del transporte con créditos documentarios

Los documentos relacionados con el transporte son parte indispensable de la valija documental exigible para la gestión de un crédito documentario. La razón es que determinan que la mercancía descrita en la factura y en la lista de contenido ha viajado hasta el destino, además de indicar en qué medio lo ha hecho. En el caso del modo marítimo, el conocimiento de embarque es además título de propiedad, por lo que se puede negociar con él.

Las compañías de transporte son, en general, las responsables de elaborar los documentos de transporte, por lo que es importante que se les facilite el condicionado del crédito documentario tan pronto como sea posible, de manera que lo estudien y puedan generar los documentos conforme al clausulado que el crédito requiera.

La empresa transportista siempre facilitará un borrador de los documentos de transporte antes de la emisión de los definitivos. Es importante revisarlos, contrastarlos incluso con el banco y tener seguridad de que son correctos antes de validar-

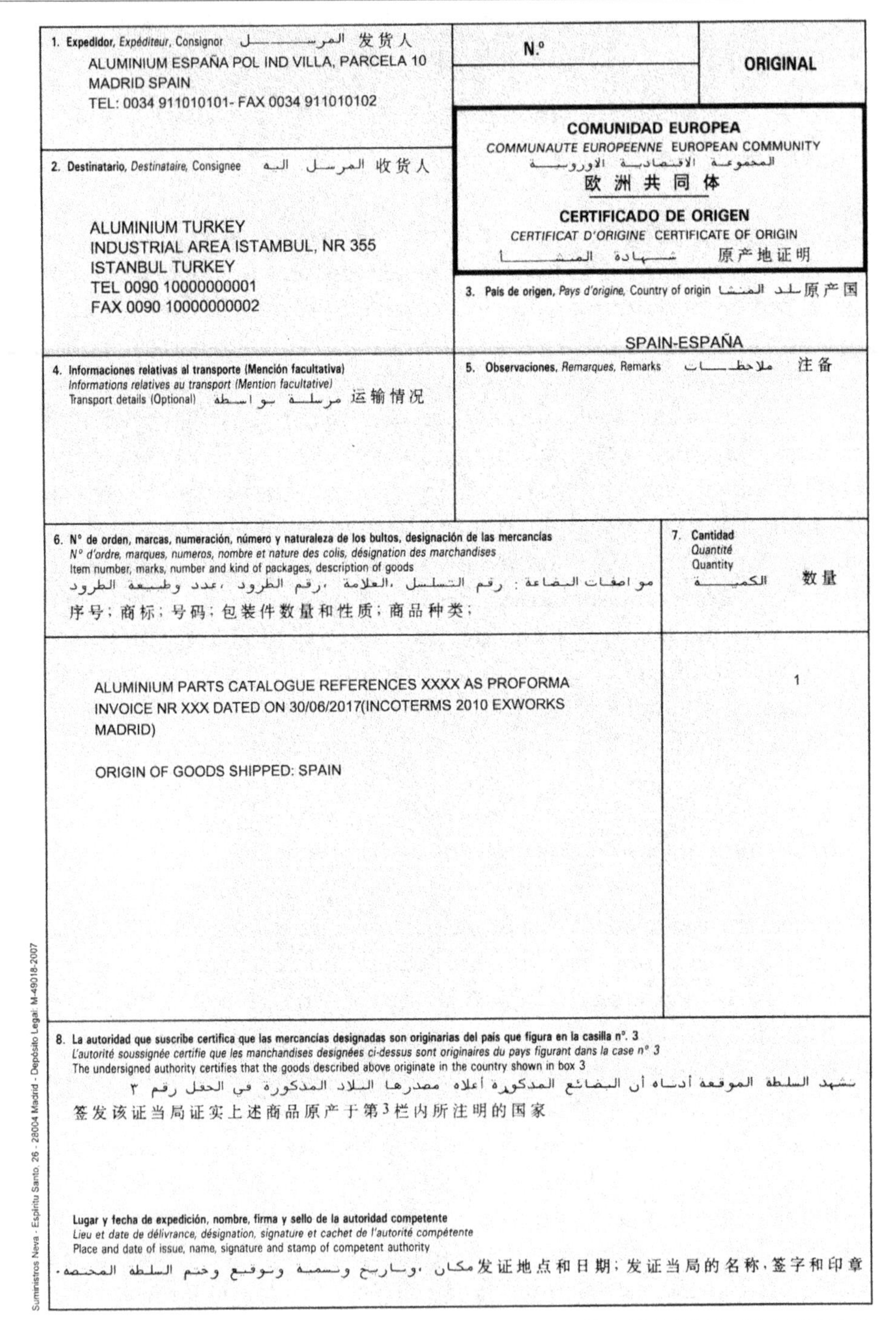

Figura 6.6. Modelo de certificado de origen.

los. Si el banco discrepara de ellos, habría que volver a emitirlos, lo que supondría un costo económico y una demora de tiempo.

Al revisar los documentos de transporte, hay que fijarse bien en la descripción exacta del ordenante y del beneficiario, así como en la inclusión correcta del número de crédito documentario.

Es importante verificar que los lugares de carga y descarga están claros y definidos a través del nombre del puerto y la dirección exacta de entrega. Si hubiera embarques parciales, hay que verificar que la carta de crédito los permite.

Un aspecto clave es atender a la última fecha de embarque permitida. El documento de transporte, CMR, AWB o B/L, deber indicar la fecha de carga o de embarque anterior a esta última fecha permitida en el crédito documentario. Esto es de vital importancia porque podría ser una discrepancia insalvable.

En todo caso, la regla Incoterms que figure en el documento de transporte debe ser la que responda a la operación de compraventa y la que muestre el crédito documentario.

En caso de endosos requeridos en el crédito documentario, hay que verificar si los B/L se han extendido nominativos o a la orden, tal y como se requiera.

Para el caso del transporte por carretera, es el conductor del camión quien suele hacer la entrega de la carta de porte CMR a los operarios que realizan la carga. Este documento lo completa la empresa exportadora y, además de incluir el número de crédito documentario, deberá indicar la descripción de la mercancía, el número de bultos, la firma y el sello en todas las copias, el peso de los bienes y la matrícula del camión.

También deberá incluir, si se pidiera en el condicionado del crédito documentario, la fecha de carga explícita, la persona a quien se debe notificar la llegada de la mercancía a destino, o la frase *«Freight payable at destination»*, si el flete debe abonarse a la recepción de esta.

El B/L, sin embargo, lo emite la naviera que realiza el embarque, quien recibirá a su vez el condicionado del crédito de parte de la empresa transitaria. La naviera hará constar en el B/L todos los requisitos solicitados en el crédito documentario, así como los datos de la exportadora y del consignatario, número de crédito documentario, puerto de carga y descarga, datos del buque y de los contenedores, peso de estos, número de bultos, si el flete es pagadero en destino, número de originales, fecha de embarque y sello, si se solicitan *shipping marks,* etc. Lo más importante, es que todo lo que indique el B/L sea absolutamente coherente con el resto de documentos que se presenten en el banco, principalmente con los datos de la lista de contenido y con la factura.

Hay que evitar aceptar cláusulas que pidan envío de uno o de los tres originales del B/L por fuera del crédito, ya que los documentos clave que otorgan la propiedad de la mercancía o su liberación en el puerto de destino siempre deberían ir en la valija documental que se debe entregar al banco.

Hay que tener precaución con los clausulados del crédito que recojan ciertas fórmulas en desuso, como la valija del capitán *(captains 'mail)* o limpio a bordo *(clean on board),* que podrían provocar algún problema si la naviera no accediera a incluirlos en los documentos de transporte. Lo mejor es contrastar estas terminologías con la transitaria al revisar el borrador del condicionado antes de la emisión definitiva del crédito.

En ocasiones, se gestiona el seguro a través de la empresa transportista. Hay que revisar igualmente la coherencia con el resto de documentos. Los condicionados normalmente requieren un certificado o póliza de seguro, con algún tipo de texto específico, y en general indicando como importe cubierto el 110 % del valor CIF de la factura. El texto suele ser una descripción explícita de las coberturas ICC (Institute Cargo Clauses) del seguro, las cuales deben constar en su totalidad según indique el condicionado del crédito.

En el caso de exportaciones desde la UE, los certificados EUR-1 y ATR también pueden figurar como requeridos en el condicionado del crédito documentario.

El certificado de circulación EUR-1 es un documento justificativo del origen preferencial otorgado a la UE por aquellos países con los que mantiene un acuerdo preferencial, tales como Marruecos, Argelia, Túnez, Egipto, Jordania, Siria, Líbano o Israel. Este documento se emite a la empresa exportadora por las autoridades aduaneras del país de origen. Se debe presentar acompañado del DUA de exportación y validado por la aduana de salida.

En los créditos documentarios de empresas importadoras de dichos países, es muy probable que se solicite el EUR-1, ya que con este documento las mercancías en la aduana de destino pueden acogerse a un régimen arancelario preferencial, y por lo tanto pueden beneficiarse de la reducción en los derechos de aduana, pagando menos aranceles o incluso quedando exentos de ellos.

El ATR es un documento equivalente al EUR-1 pero para operaciones de comercio internacional desde la UE con Turquía.

Capítulo 7

Contratación del seguro de transporte

Un seguro es un contrato por el que el asegurador se obliga, mediante el cobro de una prima, y para el caso de que se produzca el evento cuyo riesgo es objeto de cobertura, a indemnizar, dentro de los límites pactados, el daño producido al asegurado o a satisfacer un capital, una renta u otras prestaciones convenidas.

El seguro sobre las mercancías transportadas sirve para cubrir los riesgos provenientes de:

- El desplazamiento de mercancías de un lugar a otro.
- Los periodos de tiempo en los que los bienes permanecen paralizados por las circunstancias del viaje: procesos de carga y descarga, de estiba y desestiba, almacenamiento intermedio, etc.
- Los daños producidos al medio de transporte o a terceros.

El seguro permite gestionar los riesgos y asegurar el cobro por parte de la empresa exportadora. En caso de siniestro y de que la compradora se niegue a realizar el pago al no recibir la mercancía en las condiciones pactadas, el seguro cubriría el costo de los materiales dañados más el margen comercial perdido.

En el comercio internacional, las partes vendedora y compradora pueden asegurar las mercancías según sus respectivos intereses y la regla Incoterms que acuerden para la entrega de las mismas y reflejarlo en el contrato de compraventa. Aunque solo las reglas CIF y CIP obligan a la empresa vendedora a contratar un seguro que cubra los riesgos de la compradora en relación al transporte de la mercancía y con la cobertura y las condiciones que especifican dichas reglas, en todos los casos es recomendable suscribir una póliza de seguro que cubra los riesgos que cada parte haya asumido.

Puede ocurrir que en la póliza aparezca que la parte aseguradora, la tomadora del seguro o la contratante no coincidan con la asegurada o beneficiaria.

De acuerdo con las diferentes condiciones y coberturas, la póliza garantizará la recuperación parcial o total del valor de las mercancías.

1   Contrato de seguro: contenido mínimo de una póliza

El seguro de mercancías es un contrato por el que el asegurador se obliga a indemnizar los daños materiales que puedan sufrir las mercancías transportadas (durante el transporte o como consecuencia del mismo), el medio utilizado u otros objetos asegurados.

El contenido mínimo de una póliza de seguro consta de la siguiente información:

- Nombre y apellidos o denominación social de las partes contratantes.
- Domicilio de ambas partes.
- Designación de asegurado y beneficiario.
- Concepto por el cual se asegura.
- Naturaleza del riesgo cubierto.
- Designación de los objetos asegurados y de su situación.
- Suma asegurada o alcance de la cobertura.
- Importe de la prima, recargos e impuestos.
- Vencimiento de las primas, lugar y forma de pago.
- Duración del contrato, con día y hora de comienzo de efectos.
- Nombre del agente interviniente, si lo hubiera.
- En caso de póliza flotante, forma de declaración del siniestro.

1.1   Factores

Los factores que influyen en la suscripción del seguro de mercancías en una operación de compraventa internacional son:

- Términos de compraventa que delimitan la propiedad y responsabilidad de la mercancía en cada fase del transporte.
- Naturaleza de los bienes asegurados. Es decir, si son mercancías que pudieran conllevar riesgos, bien por su inflamabilidad o por ser perecederas, por ejemplo, y que requerirán un pacto expreso para ser aseguradas.
- Modo de transporte que se emplee.

– Ámbito geográfico general, entendiendo tanto situación geográfica como climatología, distancia y situación política de los países de destino que puedan conllevar riesgo de costos sobrevenidos, tales como guerras o huelgas.
– Contratos de transporte.
– Valor de las mercancías.

2 Coberturas ICC: el contrato de transporte

Las coberturas de seguro de transporte internacional estandarizadas son las establecidas internacionalmente por el Institute of London Underwriters (Instituto de

Marítimo	Terrestre	Aéreo
Condiciones generales ICC (categoría C)		
BAJO CUBIERTA – Pérdida total – Avería gruesa – Gastos de salvamento – Averías particulares por naufragio, abordaje, varada e incendio SOBRE CUBIERTA – Pérdida total – Avería gruesa – Arrastre por olas – Echazón deliberado para salvamento común	– Incendio, rayo o explosión – Caída, colisión o vuelco – Gastos de salvamento – Robo en cuadrilla o a mano armada – Accidentes por casos fortuitos o fuerza mayor – Riesgos extraordinarios	– Incendio, rayo o explosión – Avería gruesa – Gastos de salvamento – Accidente de la aeronave en vuelo, al despegar o al aterrizar – Echazón deliberado para salvamento común
Condiciones ampliadas ICC (categoría A)		
– En mercancías bajo cubierta, todos los riesgos de pérdida o daño a los bienes asegurados – Riesgo accidental del mar – Roturas y mojaduras – Robo y derrames – No entrega de bultos enteros	– Todos los riesgos de pérdida o daño a bienes asegurados – Roto, hurto, roturas y derrames – Falta de bultos	– Todos los riesgos de pérdida o daño a bienes asegurados – Roto, hurto, roturas y derrames
Condiciones adicionales		
– Caída de bultos durante la carga o descarga	– Daños a la mercancía durante la carga o descarga	– Daños a la mercancía durante la carga o descarga

(PARA SER UTILIZADAS SOLAMENTE CON EL NUEVO MODELO DE PÓLIZA MARÍTIMA)

INSTITUTE CARGO CLAUSES (A)
Cláusulas del Instituto para mercancías (A)

RIESGOS CUBIERTOS
Cláusula de riesgos
1. Este seguro cubre todos los riesgos de pérdidas o daños al objeto asegurado, exceptuando lo dispuesto en las cláusulas 4, 5, 6 y 7 abajo citadas.

Cláusula de Avería Gruesa
2. Este seguro cubre la avería gruesa y los gastos de salvamento, ajustados o determinados de acuerdo con el contrato de fletamento y/o la ley y práctica aplicables, en que se haya incurrido para evitar, o tratar de evitar, un daño por cualquier causa excepto las excluidas por las cláusulas 4, 5, 6 y 7 o en cualquier otro lugar de este seguro.

Cláusula «Ambos culpables de abordaje»
3. Este seguro indemnizará también al Asegurado frente a tal proporción de responsabilidad, bajo la cláusula «Ambos culpables del abordaje» del contrato de fletamento como le corresponda respecto a una pérdida recuperable en virtud de la presente. En caso de cualquier reclamación de los Armadores bajo la citada cláusula, el Asegurado conviene en notificarla a los Aseguradores, quienes tendrán derecho a su propia costa y gasto, a defender al Asegurado contra tal reclamación.

EXCLUSIONES
Cláusula de exclusiones generales
4. En ningún caso este seguro cubrirá:
4.1. Pérdida, daño o gasto atribuibles a una conducta dolosa del Asegurado.
4.2. Derrames usuales, pérdidas naturales de peso o volumen, o uso y desgaste normales del objeto asegurado.
4.3. Pérdida, daño o gastos causados por insuficiencia o inapropiado embalaje o preparación de objeto asegurado (a efectos de esta cláusula 4.3 «Embalaje» se entenderá que incluye la estiba en un contenedor o plataforma, pero solamente cuando dicha estiba se lleve a cabo con anterioridad al inicio de esta cobertura o por el asegurado o sus dependientes).
4.4. Pérdida, daño o gastos causados por vicio propio o naturaleza de] objeto asegurado.
4.5. Pérdida, daño o gastos causados directamente

por demora, aún cuando la misma sea causada por un riesgo asegurado (excepto los gastos que deban pagarse de acuerdo con la anterior cláusula 2).
4.6. Pérdida, daño o gastos surgidos de insolvencia o incumplimientos financieros de los propietarios, administradores, fletadores u operadores del buque.
4.7. Pérdida, daño o gastos que surjan del uso de cualquier arma de guerra en la cual se emplee fisión y/o fusión atómica o nuclear, u otra parecida reacción o fuerza o materia radioactiva.

Cláusula de exclusión de innavegabilidad y falta de idoneidad
5. 5.1. En ningún caso este seguro cubrirá pérdida, daño o gastos derivados de: innavegabilidad del buque o embarcación, falta de idoneidad del buque, embarcación, vehículo, contenedor o plataforma para el transporte con seguridad del objeto asegurado, cuando el Asegurado o sus dependientes conozcan tal falta de navegabilidad o idoneidad en el momento de la carga del objeto asegurado.
5.2. Los Aseguradores renuncian a los derechos que tengan por el quebrantamiento de las garantías implícitas de navegabilidad e idoneidad del buque, para transportar el objeto asegurado a su destino, a menos que el Asegurado o sus dependientes conozcan esa innavegabilidad o falta de idoneidad.

Cláusula de exclusión de guerra
6. En ningún caso este seguro cubrirá pérdida, daño o gastos causados por:
6.1. Guerra, guerra civil, revolución, rebelión, insurrección o contienda civil que provenga de esos hechos, o cualquier acto hostil por o contra un poder beligerante.
6.2. Captura, incautación, embargo preventivo, restricción o detención (excepto piratería), y las consecuencias de los mismos o de su tentativa.
6.3. Minas, torpedos, bombas u otras armas de guerra abandonadas.

Cláusula de exclusión Huelgas
7. En ningún caso este seguro cubrirá pérdida, daño o gastos:

Continúa

7.1. causados por huelguistas, trabajadores afectados por cierre patronal, o personas que tomen parte en disturbios laborales, motines o tumultos populares.
7.2. resultantes de huelgas, lock-outs, disturbios laborales, motines o desórdenes civiles.
7.3. causados por cualquier terrorista, o por cualquier persona que actúe por motivos políticos.

DURACIÓN
Cláusula de tránsito
8. 8.1. Este seguro toma efecto desde el momento en que las mercancías dejan el almacén, o sitio de almacenaje en el lugar aquí designado para el comienzo del viaje, continúa durante el curso ordinario del mismo y termina
8.1.1. a la entrega en el almacén de los consignatarios u otro final o lugar de almacenaje en el destino aquí citado,
8.1.2. a la entrega en cualquier otro almacén o lugar de almacenaje, ya sea anterior o en el destino aquí citado, que el Asegurado decida utilizar bien
8.1.2.1. para almacenaje distinto del curso ordinario del viaje,
8.1.2.2. para asignación o distribución, o
8.1.3. a la expiración de 60 días después de finalizar la descarga de las mercancías aquí aseguradas al costado del buque transoceánico en el puerto final de descarga, lo que en primer lugar suceda.
8.2. Si después de la descarga al costado del buque transoceánico en el puerto final de descarga, pero antes de la terminación de este seguro, las mercancías han de ser reexpedidas a un lugar de destino distinto de aquel para el que fueron aseguradas por la presente, este seguro, mientras permanezca sujeto a terminación tal como se establece anteriormente, no se extenderá después del comienzo del viaje a ese otro destino.
8.3. Este seguro permanecerá en vigor (sujeto a la terminación tal como se establece anteriormente y a las estipulaciones de la cláusula 9 siguiente) durante la demora fuera del control del Asegurado, cualquier desviación, descarga forzosa, reembarque o transbordo y durante cualquier variación de la aventura que provenga de ejercicio de una facultad concedida a los armadores o fletadores por el contrato de fletamento.

Cláusula de terminación del contrato de transporte
9. Si debido a circunstancias fuera del control del Asegurado, el contrato de transporte terminase

en un puerto o lugar que no fuera el de destino designado en él, o el viaje finalice de otra forma antes de la entrega de las mercancías como se estipula en la cláusula 8 anterior, este seguro también terminará, a menos que se dé pronto aviso a los Aseguradores y se requiera la continuación de la cobertura, en cuyo caso, sujeto a una prima adicional si así se requiere por los Aseguradores, el seguro continuará en vigor:
9.1. hasta que las mercancías sean vendidas y entregadas en tal puerto o lugar, o a menos que se convenga especialmente otra cosa, hasta la expiración de 60 días después de la llegada de las mercancías aquí aseguradas a tal puerto o lugar, lo que primeramente ocurra, o
9.2. si las mercancías son reexpedidas dentro del citado período de 60 días (o de cualquier prolongación del mismo que se convenga) al destino designado aquí o a cualquier otro, hasta que se termine de conformidad con las estipulaciones de la anterior cláusula n° 8.

Cláusula de cambio de viaje
10. Cuando después de la entrada en vigor de este seguro, el lugar de destino es cambiado por el Asegurado, se mantendrá cubierto mediante prima y condiciones a convenir supeditado a que se dé aviso inmediato a los Aseguradores.

RECLAMACIONES
Cláusula de interés asegurable
11. 11.1. Para ser indemnizado, en virtud de este seguro, el Asegurado debe tener un interés asegurable en el objeto asegurado en el momento del siniestro.
11.2. Supeditado a la cláusula 11.1, el Asegurado tendrá derecho a ser indemnizado por un daño cubierto ocurrido durante el período de cobertura de este seguro, aunque el daño se hubiera producido antes de que el contrato de seguro se haya formalizado, a menos que el Asegurado tuviera conocimiento del daño y los Aseguradores no.

Cláusula de gastos de reexpedición
12. Cuando, como resultado de la acción de un riesgo cubierto por este seguro, el viaje asegurado se termina en un puerto o lugar distinto al que fue asegurado el objeto por este seguro, los Aseguradores reembolsarán al Asegurado cualquier gasto extraordinario en que adecuada y razonablemente se haya incurrido durante la descarga,

Continúa

Continuación

almacenaje y reexpedición del objeto asegurado al destino aquí asegurado. Esta cláusula 12, que no es de aplicación a la Avería Gruesa ni a los Gastos de Salvamento, estará supeditada a las exclusiones contenidas en las cláusulas anteriores 4, 5, 6 y 7, y no incluirá los gastos que surjan de culpa, negligencia, insolvencia o incumplimiento financiero del Asegurado o de sus dependientes. Cláusula de pérdida total constructiva

13. Ninguna reclamación por pérdida total constructiva será recuperable por la presente a menos que el objeto asegurado sea razonablemente abandonado, bien porque su pérdida real total aparezca como inevitable o porque el costo de recuperar, reacondicionar y reexpedir el objeto al destino al que está asegurado, excediera de su valor a la llegada. Cláusula de incremento de valor

14. 14.1. Si por parte del Asegurado se hace cualquier otro seguro que aumente el valor de las mercancías aseguradas por la presente, el valor acordado de las mismas se entenderá incrementando a la suma total asegurada por este seguro y a todos los seguros sobre incrementos de valor asegurado que cubran el daño, y la responsabilidad por este seguro estará en proporción a la suma asegurada por la presente y a la mencionada cantidad total asegurada. En el caso de reclamación, el Asegurado deberá aportar prueba a los Aseguradores de las cantidades aseguradas por todos los demás seguros.
14.2. Cuando este seguro sea sobre incremento de valor se aplicará la siguiente cláusula: El valor convenido de las mercancías se entenderá que es igual a la cantidad total asegurada en el seguro inicial y todos los seguros de incremento de valor que cubran el daño y se hayan efectuado por el Asegurado sobre las mercancías, y la responsabilidad por este seguro, estará en proporción a la suma asegurada por la presente y a la mencionada cantidad total asegurada.
En el caso de reclamación, el Asegurado deberá

En, a

El tomador del seguro

aportar prueba a los Aseguradores de las cantidades aseguradas por todos los demás seguros.

BENEFICIO DEL SEGURO
Cláusula de no efecto
15. Este seguro no surtirá efecto en beneficio del transportista u otro depositario.

AMINORACIÓN DE DAÑOS
Cláusula de obligaciones del Asegurado
16. Es obligación del Asegurado y sus dependientes y Agentes respecto a un daño recobrable por la presente
16.1. adoptar aquellas medidas que puedan considerarse razonables con el fin de evitar o disminuir tales daños, y
16.2. asegurarse de que todos los derechos contra transportistas, depositarios y otras terceras partes sean adecuadamente reservados y ejercitados. y los Aseguradores reembolsarán al Asegurado, además de cualquier daño recobrable por la presente, cualquier gasto en que razonable y adecuadamente hayan incurrido en virtud de tales obligaciones.

Cláusula de renuncia
17. Las medidas tomadas por el Asegurado o los Aseguradores con el objeto de salvar, proteger o recuperar el objeto asegurado no serán consideradas como una renuncia o aceptación de abandono, ni perjudicarán de otra forma los derechos de cualquiera de las partes.

EVITACIÓN DE DEMORAS
Cláusula de diligencia razonable
18. Es condición de este seguro que el Asegurado actuará con razonable diligencia en todas las circunstancias que estén dentro de su control.

LEY Y PRÁCTICA
Cláusula de Ley y Práctica Inglesas
19. Este seguro está sometido a la Ley y Práctica Inglesas.

Figura 7.1. Cláusulas del Instituto para mercancías, modalidad A (Institute Cargo Clauses).

Aseguradores de Londres), que se conocen como «cláusulas ICC (Institute Cargo Clauses)» o «cláusulas inglesas».

3 Tipos de póliza

Existen pólizas a medida, adecuadas a las necesidades y a la actividad de cada asegurado, con cobertura de ámbito mundial. Pueden ser de cobertura puerta a puerta, protegiendo las mercancías desde su recogida en origen hasta su entrega en destino final, o con límites de cobertura adecuados al modo de transporte y al valor de la mercancía, no recuperando en ninguna ocasión el valor completo del importe perdido.

Del mismo modo, se pueden asegurar solo aquellos envíos que interesen por alguna razón determinada.

Los tipos de póliza más comunes son:

- **Póliza sencilla o aislada**

  Cubre solo un viaje y su duración se limita al tiempo de duración del mismo o, en su defecto, a seis meses desde la fecha de emisión.

- **Póliza abierta**

  Cubre un conjunto de operaciones relacionadas entre sí, que incluyen más de un viaje. Su validez es ilimitada, equivalente a la duración de las operaciones relacionadas.

- **Póliza flotante**

  Esta póliza es la más habitual para profesionales del transporte, ya que cubre todas las operaciones en unas condiciones especificadas. Su duración es indefinida. Para cada expedición, el asegurado cumplimentará y enviará a la aseguradora un boletín que garantizará la cobertura en ese viaje por el valor asegurado.

---

prima de seguro

Precio que paga el tomador del seguro al asegurador como contraprestación por la cobertura de los riesgos que éste asume con una póliza de seguro.

- **Póliza combinada**

- **Póliza sobre volúmenes**

  Se basa en el volumen total de la mercancía asegurada, sin necesidad de comunicar individualmente cada expedición parcial. Su prima se calcula anualmente en función del volumen previsto y se regulariza después del ejercicio en función de volumen real transportado.

4 Cálculo del costo del seguro

En el caso de transporte por carretera, el seguro en condiciones CMR es obligatorio y contempla un importe máximo de indemnización en función del volumen de mercancía transportada.

Para asegurar que se retorna el costo completo de la carga transportada, más el margen comercial perdido de la operación, es conveniente contratar un seguro a todo riesgo, disponible en cualquier modo de transporte, y cuya cotización se calcula de la siguiente forma:

- Transporte terrestre: generalmente en función de un porcentaje (6-8 % del valor del transporte).
- Transporte marítimo: generalmente en función de un porcentaje del valor CIF en la factura × 1.10. Este porcentaje oscila entre el 0.35 y el 0.6 %.
- Transporte aéreo: generalmente se cotiza el costo del seguro de manera puntual.
- Existen compañías aseguradoras que a través de una póliza cubren el 100 % de los envíos a los territorios incluidos.

seguro en condiciones CMR

Póliza de seguro de transporte terrestre que incluye una cláusula por la que se protege las mercancías transportadas de acuerdo con el Convenio CMR. El lugar de expedición y el de entrega deben estar en dos países distintos y al menos uno de ellos debe ser firmante del citado convenio.

Figura 7.2. Siniestro de múltiples contenedores en un buque portacontenedores.

El seguro a todo riesgo tiene un alto índice de coberturas, pero conlleva un costo económico importante. Hay que tener en cuenta que no siempre se cubren todas las posibles causas de daños, pero sí las más habituales.

En cualquier caso, ante un siniestro, un perito juzgará los daños y verá la forma de reemplazar las mercancías dañadas. Solicitará documentación de la carga, albaranes que no indiquen desperfectos de salida, así como fotografías de la carga donde se aprecie la estiba y el flejado. También pedirá factura y costo de los materiales que se tengan que reemplazar.

Por ello, es recomendable que en los albaranes de recepción no se indique que la mercancía es conforme. Es conveniente dejar siempre anotada alguna reserva, conservando el derecho de verificar más tarde el estado de la mercancía recibida. Con esto se dispone de algún día adicional para realizar la reclamación por daños en el transporte, si los hubiera. Si se observan daños al desembalar pero se hubiera conformado el albarán de entrega ya no habría forma legal de reclamarlos. Por este motivo, es prudente firmar el albarán de recepción indicando de manera rutinaria: «Mercancía recibida, no verificada». Existen, de igual modo, sellos o tampones con mensajes similares a: «Recibido conforme, reservando el derecho de posterior revisión del estado del embalaje y número de bultos».

También es recomendable que la empresa importadora tome siempre fotografías de los bultos antes de descargar la mercancía del camión o del contenedor, especialmente si se observan elementos dañados. Esto permite una cierta trazabilidad de los daños y determinar si la causa ha sido una estiba defectuosa, o si el daño se ha producido durante la descarga, entre otros motivos. Dichas fotos deben ser remitidas a la exportadora, para que pueda reclamar los daños.

Las primas de las pólizas pueden calcularse de la siguiente manera:

- *Cálculo teórico:* según el valor de la mercancía en la factura.
- *Cálculo comercial:* según el valor de la mercancía + portes + seguro + derechos arancelarios y gastos aduana + beneficio comercial (10 o 20 % del valor de la mercancía).

Capítulo 8

Envase y embalaje

El envase y el embalaje son elementos esenciales para la protección de la mercancía, pero también cumplen otras funciones importantes.

Los principales motivos para emplear un envase son la dosificación de la mercancía y la presentación de esta según las necesidades del mercado.

El envase debe ser específicamente compatible con el producto que contiene y ha de proteger su calidad, además de estar vinculado a una estrategia de *marketing* determinada, debido a que su atractivo puede ser la clave para desencadenar la acción de compra en el consumidor final.

El envase puede proporcionar una protección incluso sanitaria, y su etiquetado cumple una función de identificación de la composición del producto, de su fecha de caducidad y, además, es posible que aporte instrucciones sobre su uso y forma de consumo.

Por su parte, las principales razones para el uso de embalaje (o puesta en «bala», es decir, en forma de atado o paquete) son proteger la mercancía contra los riesgos del transporte, así como facilitar su manipulación y recepción mediante medios manuales o mecánicos.

Un embalaje eficiente debe contribuir a identificar la mercancía, de modo que figuren su descripción y características (representadas según normas internacionales), así como los datos del envío, es decir, remitente, destinatario, etc.

En el transporte internacional, hay que prevenir posibles inspecciones aduaneras o al menos permitir que se desarrollen con la mayor agilidad. Para ello es recomendable que el embalaje facilite la identificación, la visualización, la inspección e incluso la toma de muestras, si fuera necesario. Si al despachar la mercancía la aduana canaliza su tramitación por el «circuito rojo», dicha mercancía será inspeccionada a través de un escáner u otros métodos. Todo lo que contribuya a agilizar el proceso o que posibilite visualizar el contenido del embalaje permitirá ahorrar tiempo, ya que la mercancía no podrá embarcar hasta que el despacho pase a «canal verde».

Es de suma importancia encontrar el equilibrio entre el costo del embalaje y la calidad o la necesidad real del mismo. Hay que buscar el término intermedio entre la protección correcta y un costo aceptable.

Otra característica del embalaje es su vinculación con la seguridad en las operaciones de manipulación y manutención de la mercancía. Un embalaje adecuado reducirá los riesgos, evitando tener que calzar los bultos o asirlos a pulso, reducirá las aristas vivas o cortantes, etc.

1   Tipo de envase

Los envases de uso más común son los fabricados con vidrio, plástico o metal.

- Los envases de **vidrio** se caracterizan por ser reutilizables, y su capacidad de ser reutilizados o reciclados los convierte en una opción altamente sostenible.

---

envase primario

Envase que contiene el producto en contacto directo y lo presenta en su forma más simple: una botella de agua o una lata de sardinas, por ejemplo.

envase secundario

Envase que contiene o agrupa el envase primario otorgándole protección y presentación para facilitar su distribución física, para ser comercializado, para reaprovisionar los lineales en el punto de venta o para ser vendido como tal al consumidor final (cajas de cartón con precintos o flejes plásticos, películas plásticas retráctiles, etc.). También se consideran envases secundarios las cajas que contienen un solo envase primario (cajas de los perfumes, cereales, relojes, etc.).

envase terciario

Envase que agrupa envases primarios o secundarios (unidad de carga) para la manipulación, el transporte y la distribución comercial: un palé de cajas de botellas de agua, por ejemplo.

Son inertes, por lo que no entrañan el riesgo de reaccionar con el producto contenido. Además, permanecen completamente herméticos, asegurando que no habrá salida del producto ni entrada de ningún otro. Asimismo, son impermeables y de larga duración. Hay que tener en cuenta que su forma determinará la estética, la estabilidad y la funcionalidad con que se quiera dotar al producto.

Algunos ejemplos de envases de vidrio son las botellas, los frascos o los tarros, entre otros.

- Los envases de **plástico** tienen la ventaja de ser muy económicos. Además, su peso reducido y su gran flexibilidad los convierten en una opción interesante para el transporte. El mayor inconveniente es su baja biodegradabilidad.

  Entre este tipo de envases se pueden distinguir los termoplásticos (aquellos que tienden a deformarse si se les aplica calor) y los termoestables (que una vez conformados no sufren deformación por causas térmicas). Es de vital importancia seleccionar el envase más adecuado a las características del producto que haya de contener.

- Los envases de **metal** son resistentes, herméticos, e ideales para la conservación de alimentos.

  Se pueden fabricar en distintas formas y tamaños. Por ejemplo, latas cilíndricas, cajas o estuches, aerosoles, etc.

  Es importante que la protección del interior de los envases sea la correcta para evitar la interacción con el contenido, así como la del recubrimiento exterior para evitar la oxidación.

Figura 8.1. Modelos de envases primarios o de la unidad de consumo.

2   Tipo de embalaje

El embalaje se debe seleccionar atendiendo a las características del producto que tenga que proteger, es decir, a su forma, estado, olor, peligrosidad, así como a su compatibilidad con otras mercancías que pudieran ser transportadas a la vez en el mismo medio de transporte.

El embalaje determina la forma final del bulto, que quedará reflejado en la lista de contenido. Por ello, es importante facilitar su identificación y que se pueda determinar unívocamente el contenido.

Según las características del bulto, se podrá emplear un modo de trasporte u otro. Bien por sus dimensiones y peso u otras cualidades (mercancía perecedera, frágil, etc.).

Los embalajes que se emplean habitualmente son los de madera, papel, cartón, acero, o plástico.

- Los embalajes de **madera** pueden ser palés, jaulas, cajas, etc. Tienen un bajo grado de humedad, pero requieren tratamientos preventivos contra insectos o plagas.

- Los embalajes de **papel** pueden hacer de barrera y los de cartón pueden llegar a ser muy resistentes al aplastamiento.

Figura 8.2. Embalaje ligero para envío aéreo, construido con madera contrachapada.

- Los embalajes de **acero** son principalmente bidones y contenedores.

- Los embalajes de **plástico** tienen distintas aplicaciones. Los más reseñables son los de poliestileno, que protegen de la polución; los de poliuretano, que sirven como aislante térmico; y los de poliestireno, que amortiguan.

3 Elementos de protección

Además de envases y embalajes, existen otros sistemas para proteger las mercancías que generalmente son adicionales al propio embalaje, aunque podrían llegar a ser sustitutivos si el modo de transporte lo permite.

Es el caso de cantoneras, bolsas, planchas de espuma o espumas industriales.

Cabe destacar el fleje, una cinta de plástico o textil que sirve para asegurar o fijar el embalaje. La clave es su resistencia a la tracción.

Las bridas o sujeciones de carga cumplen funciones semejantes. Hay también elementos de precinto, como las cintas adhesivas, y las cinchas o cables elásticos para bultos de más complejidad, como la sujeción de maquinaria industrial.

Figura 8.3. Ángulo de protección utilizado para preservar el canto de una bobina.

Cabe señalar el uso del film retráctil de plástico o del plástico de burbujas para recubrir los bultos. Cuando son pequeños, se pueden enfundar incluso directamente en bolsas confeccionadas con este tipo de plástico.

Por último, hay que señalar que para determinar la forma de embalar, es importante analizar si el embalaje será retornable, si en él se presentará o promocionará el producto embalado, y si se necesita una solución técnica integral respecto a la manipulación, el transporte y el almacenaje.

4 Embalajes especiales

4.1 Embalajes para ferias

En la asistencia a ferias internacionales, el embalaje puede ser un elemento que permita agilizar la entrada y salida de materiales del recinto ferial.

Generalmente, la empresa de transporte entrega los bultos transportados en el *stand* de la empresa expositora. Los elementos destinados a la exposición deberán ser desembalados, por lo que habrá que tener en cuenta los medios de los que se dispone en el recinto ferial. No se contará con grúa, sino con recursos más limitados, como carretilla elevadora o transpaleta. Además, quien los desembale puede ser una persona del equipo comercial ajena a la expedición.

Los restos de embalaje que sean reutilizables (palés, cajas, etc.) se deben dejar en depósito al transportista, debido al poco espacio disponible que acostumbra a haber en los *stands*, mientras que los que no se puedan reutilizar, los retirará la empresa de limpieza y mantenimiento del propio recinto ferial.

Cuando acaba el evento, las compañías de transporte proceden a la recogida del material. En cuanto se les permita acceder al recinto ferial, lo primero que harán será retornar al *stand* el embalaje reutilizable que les fue dejado en depósito.

Es necesario que las personas responsables del *stand* dispongan de cinta de precinto, bridas, film retráctil, etiquetas para la identificación u otros elementos necesarios para el reembalaje. Cuanto más sencillo se haya planificado este, más fácil será ejecutarlo (generalmente por personas no habituadas a ello) y menos riesgo habrá de sufrir daños en el transporte de retorno.

En general, la jaula de madera acostumbra a ser el embalaje más adecuado, ya que permite el manejo de la mercancía con la máxima protección.

En cualquier caso, siempre hay innovaciones que pueden resultar interesantes, según la finalidad que se busque. Por ejemplo, existen cajones de madera que se

Símbolo	Instrucción	Significado	Símbolo	Instrucción	Significado
	Frágil	El contenido del embalaje es frágil y se debe manejar con precaución		No usar carretilla elevadora	La carga no se debe manipular con carretilla elevadora
	No usar garfios	No se pueden usar garfios en el manejo de la carga		Colocar mordazas aquí	Colocar las abrazaderas en los lados que se indica para manipular la carga
	Mantener vertical	La unidad de carga se debe mantener en posición vertical		No colocar mordazas aquí	No colocar las abrazaderas en los lados que se indica al manipular el embalaje
	Proteger de la luz solar	La carga no se debe exponer a la luz solar u otras fuentes de calor		Apilamiento limitado	Indica el peso máximo posible sobre la unidad de carga
	Proteger de fuentes radioactivas	La mercancía se puede deteriorar o quedar inutilizada si se expone a radiaciones		Apilamiento limitado por número	Número máximo de embalajes iguales que se pueden apilar (n=número máx)
	Mantener a resguardo de la lluvia	La carga debe mantenerse en un ambiente seco		No apilar	No se debe apilar ninguna otra carga encima
	Centro de gravedad	Indica el centro de gravedad de la unidad de carga		Eslingas aquí	Indica dónde se deben emplazar las eslingas para elevar la carga
	No rodar ni inclinar	La carga no se debe rodar ni inclinar o balancear		Límites de temperatura	Límites de temperatura entre los que se debe conservar y manipular la carga
	No manipular con las horquillas en esta cara	Caras de la unidad de carga donde no se deben colocar las horquillas de las carretillas manuales			

Figura 8.4. Símbolos utilizados para identificar las unidades de carga y facilitar la manipulación de los envases y embalajes (norma ISO 780).

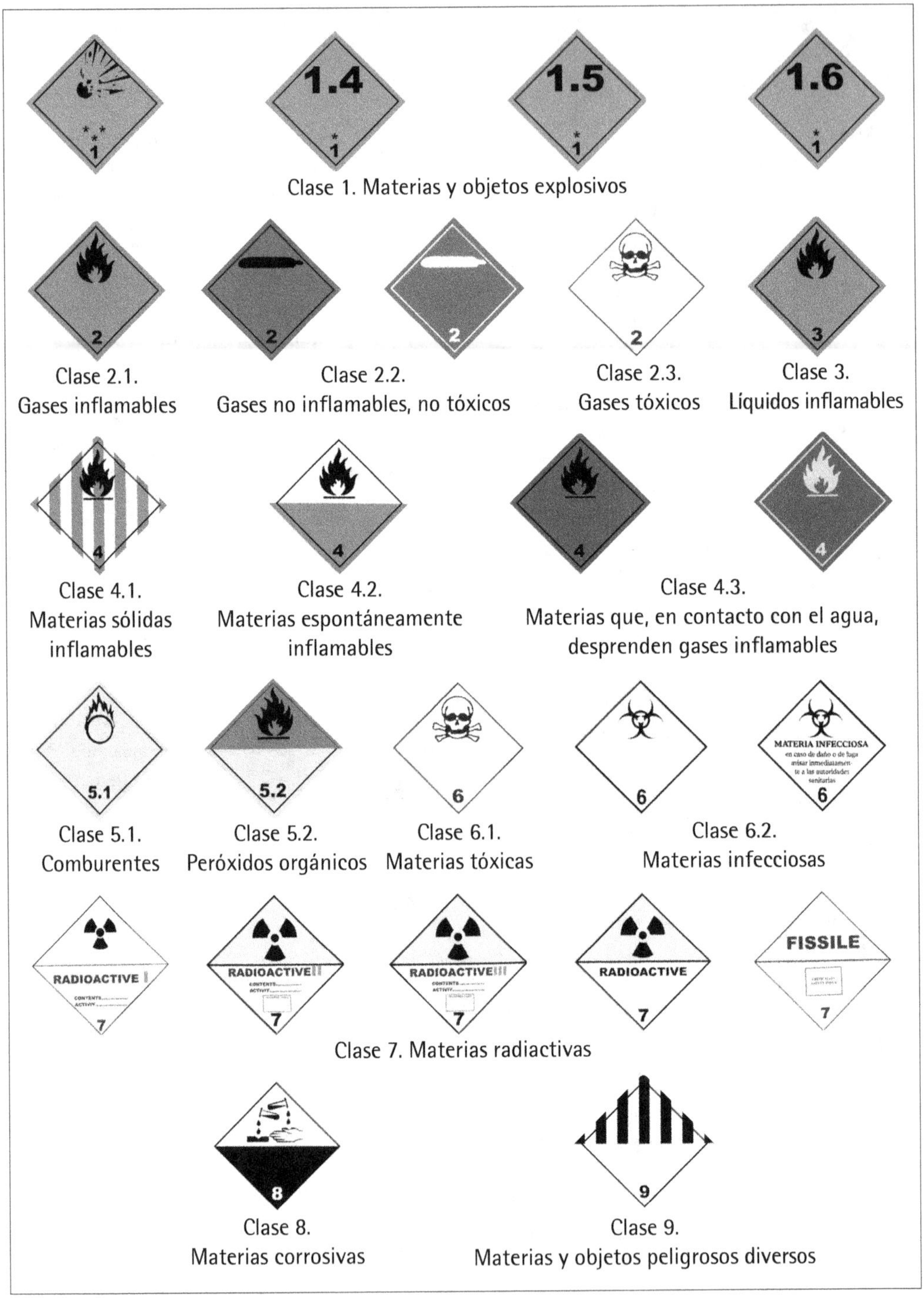

Figura 8.5. Símbolos utilizados para la identificación de mercancías peligrosas.

desmontan y se montan de manera sencilla, de manera que el embalaje puede quedar guardado en el pequeño almacén habilitado en el *stand*.

4.2 Embalajes para transporte aéreo

Los embalajes más extendidos para el modo aéreo son la jaula y el cajón cerrado de madera, pues son los más robustos y seguros. De esta manera, queda protegida la mercancía y se puede manipular fácilmente en la carga y descarga del avión.

El **cajón cerrado** garantiza que no existan manipulaciones de su contenido en la bodega del avión. Por ello suele ser el preferido, a pesar de su costo y peso elevados.

El costo del transporte aéreo es generalmente alto, pero al añadir el embalaje, aumentará aún más. Por ello, es recomendable que los cajones no contengan espacio libre. De ser posible, sería conveniente disponer de un doble piso para rellenarlo con más carga; por ejemplo, colocando una tabla de madera sobre alguna pieza pesada, de manera que se pueda colocar encima aquello más ligero.

La **jaula** consiste en una base sólida de madera sobre la que se disponen una serie de barrotes, que envuelven la carga. Sobre la jaula irá una tapa de madera para cerrar el embalaje y dejar todo protegido. Este sistema acostumbra a ser más barato que el cajón y, al ser más ligero, porque no es compacto, encarecerá menos el costo del transporte debido al embalaje.

En cuanto a los materiales que se pueden emplear, los cajones se pueden fabricar completamente de plástico. Sin embargo, se debería desechar el plástico en la base cuando la mercancía a embalar es pesada. Normalmente, el plástico se emplea para las tapas o los barrotes, pues con cierta resistencia es suficiente, ya que no soportan el peso. Es decir, el empleo de una base de madera con barrotes y tapa en otros materiales puede ser conveniente para reducir costos y para aligerar el embalaje.

Es conveniente que la base sea resistente, pero también que la tapa superior sea fuerte, porque así la compañía aérea puede remontar con cargas ligeras sobre ella, reduciendo la tarifa aérea. En caso de no permitir que remonten el bulto, la compañía aérea cobrará el volumen correspondiente a la superficie ocupada y la altura correspondiente hasta el techo de la bodega.

Por lo tanto, es importante calcular con precisión el volumen que ocuparán las mercancías antes de encargar los cajones, y evitar que el embalaje sea excesivo o muy pesado.

Figura 8.6. **Jaula de madera.**

Para recibir una cotización de transporte aéreo es necesario disponer de información sobre los pesos y las medidas de los elementos que se han de transportar, definir cómo se van a ubicar en los cajones y dimensionarlos. A continuación, se solicitará el precio y peso de los cajones, así como las medidas externas requeridas para que en su interior quepa la mercancía prevista. Con los pesos totales, que comprenderán la suma de la mercancía y del embalaje, y con las dimensiones exteriores del mismo, se solicitará una cotización aérea.

Conviene contar con el precio del embalaje especial para transporte aéreo en el escandallo de costos de la mercancía, ya que en general es un importe significativo.

Capítulo 9

La carga y estiba

1 Unidades de carga

1.1 Tipología de la mercancía

En el comercio internacional, las mercancías se pueden clasificar según la partida arancelaria. En esta clasificación, hay secciones correspondientes a animales, vegetales o minerales; así como distinción entre productos inorgánicos y orgánicos, o alusión a los distintos sectores industriales, como farmacéutico, plástico, papel, metal, maquinaria, material eléctrico, textil, vidrio, etc.

Las mercancías también se pueden definir según su estado físico, funcionalidad, peso, forma, método de obtención o fabricación, o según vayan presentadas.

Según el tipo de mercancía y si su presentación es en forma de granel o de producto envasado o embalado, se deberá emplear un modo u otro transporte.

En general, es posible transportar todo tipo de mercancías por carretera, ya que es posible adaptar al camión un remolque con la forma necesaria para contener casi cualquier mercancía. Por ejemplo, el remolque puede llevar contenedores, productos sólidos o líquidos a granel, o alimentos en cámara frigorífica.

Con las limitaciones propias del gálibo, también es posible transportar por ferrocarril numerosos tipos de mercancías, como contenedores, graneles o carga general.

En cuanto al transporte marítimo, lo habitual es que la mercancía viaje en contenedores, en las bodegas, a granel, o en tanques de líquidos y gases.

Por su parte, el transporte aéreo se emplea, en general, para mercancías de alto valor y productos perecederos, o aquellos que requieren de un transporte urgente.

1.2 Formación de unidades de carga

Las unidades de carga son agrupaciones resistentes y estables, que facilitan el apilado y el movimiento de las mercancías. Las más habituales son las cajas, los contenedores y los palés.

Esta agrupación ayuda a la manipulación y el almacenamiento de las mercancías porque permite moverlas con facilidad, apilarlas en almacenes (maximizando el volumen de almacenamiento disponible), cargarlas y descargarlas de vehículos, así como manejarlas en los centros logísticos y las terminales de transporte (puertos, aeropuertos, estaciones ferroviarias, etc.).

Para una correcta manipulación, deben ir en consonancia el tipo de unidad de carga, la naturaleza de la mercancía y los medios de carga disponibles.

Según su volumen y peso, las unidades de carga se pueden manipular manualmente (cajas pequeñas, sacos, etc.) o mediante elementos mecánicos (palés, cajas voluminosas, atados de tubos o perfiles, etc.).

La caja móvil y el contenedor se identifican como unidades de transporte intermodal (UTI). El contenedor es en gran medida el elemento que ha facilitado el desarrollo del comercio internacional.

1.3 Consolidación de la carga

La consolidación de la mercancía permite agrupar diferentes cargas de uno o varios consignatarios, para ser transportadas bajo un solo documento de transporte.

Esto ocurre, generalmente, cuando el volumen de la mercancía que se ha de transportar es inferior al de contenedor. Si el contenedor se completa con más cargas, se consigue reducir el costo del transporte y se rentabiliza el volumen transportado.

gálibo

Perfil o sección transversal de referencia para determinar el contorno máximo de un vehículo rodado de transporte, con el fin de que ninguna de sus partes entre en contacto con los túneles, puentes, andenes y dispositivos de las vías por las que circule.

1.3.1 Carga a granel

La carga a granel es un conjunto de mercancías que se transportan en grandes cantidades sin embalar. Se puede distinguir granel sólido o seco (carbón, hierro, grano, cemento, madera, etc.), de granel líquido (petróleo, gas natural licuado, gasolina, etc.).

1.3.2 Cajas

Una caja es un recipiente generalmente en forma de prisma rectangular con una abertura en su parte superior, que puede o no cubrirse con una tapa y que se presenta en diferentes tamaños. Sirve para contener, proteger y conservar, agrupar, almacenar o transportar productos, e inclusive para ponerlos en exposición para su venta.

Figura 9.1. Descarga de cereal a granel en una terminal portuaria.

Figura 9.2. Embalajes de cartón.

Las cajas pueden ser de cartón, que es lo más habitual, pero también de plástico, de madera o metálicas.

1.3.3 Carga paletizada (madera, madera tratada, plástico)

El **palé,** también conocido en algunos lugares como **tarima,** es una plataforma o base de carga, con al menos dos entradas para su manipulación mediante transpaleta o carretilla elevadora.

Suelen ser de madera, pero también se fabrican de conglomerado, de plástico o de chapa de acero.

Figura 9.3. Palé de madera de cuatro entradas.

En función de los materiales con que se construye, los hay previstos para su utilización reiterada o para un solo uso, no recuperables.

Su función principal es la de agrupar la mercancía en una sola unidad de carga. Generalmente, una vez que la mercancía se posiciona sobre el palé, se rodea o enfunda con un film termorretráctil, que la protege de entradas de agua o polvo y confiere consistencia al bulto. Este retractilado es imprescindible cuando las unidades que se colocan sobre el palé no tienen formas iguales.

Para asegurar la estabilidad de la carga, es recomendable que las unidades que forman el palé se coloquen de forma cruzada, tratando de repartir el peso en toda la superficie de la plataforma. También hay que intentar evitar espacios libres y, especialmente, que los bultos sobresalgan de la base del palé.

Los principales tipos de palé son:

- Palé universal, isopalé o palé americano, de dimensiones 1 200 × 1 000 mm.
- Europalé o palé EUR, de dimensiones 1 200 × 800 mm.

Pero también se fabrican en otras medidas para conseguir consolidaciones en unidades de carga que se adapten a las necesidades de cada sector o industria.

1.3.4 Contenedores de transporte

El **contenedor de transporte** es un recipiente de carácter permanente que alberga mercancías. Sus dimensiones están normalizadas, con un mínimo de 1 m³ de volumen, y tanto su manipulación como su llenado y vaciado se realizan con facilidad.

Permite el transporte de mercancías de puerta a puerta, sin ruptura de la unidad de carga, a través de diferentes modos de transporte. Esto simplifica cualquier trámite aduanero, reduce las manipulaciones de la mercancía y ofrece seguridad sobre la misma mediante el precintado del contenedor.

Entre los distintos tipos de contenedor, atendiendo a sus dimensiones, los más utilizados son los contenedores de 20, 40 y 45 pies de longitud. El contenedor de 40' de gran capacidad *(high cube)* dispone de un 13 % de capacidad adicional, y se destina a las cargas más pesadas (carbón, tabaco, etc.). También su altura adicional puede permitir el apilamiento de alguna fila más de cajas, por ejemplo. Los palés, sin embargo, no podrán ser más altos, pues su altura viene limitada por la de la puerta del contenedor (común a las tres medidas de contenedor) y no por la altura interna del mismo.

De acuerdo con su función, otra clasificación de los contenedores es:

- **Cerrado** *(box* o *dry van):* es un contenedor con puertas situadas en la parte posterior o testero, por donde se carga mediante carretillas o transpaletas.
- **De costado abierto** *(open side):* para facilitar la carga de mercancías de gran longitud.
- **De techo abierto** *(open top):* contenedor abierto por la parte superior, con techo removible de lona, para mercancías de gran peso o volumen, que se carga habitualmente con grúa o puente grúa.
- **Plataforma** *(flat):* contenedor abierto que consta de una plataforma con mamparas abatibles en los extremos, que se emplea para mercancías de geometrías especiales, normalmente de un ancho superior a 2.4 m.

Figura 9.4. Contenedor cerrado estándar *(dry box).*

Figura 9.5. Contenedor sin techo *(open top).*

Figura 9.6. Contenedor de plataforma
(flat rack container).

Figura 9.7. Contenedor frigorífico
(reefer container).

- **Cisterna** *(tank):* consiste en una cisterna apoyada en una estructura de soporte. Es idóneo para líquidos.

- **Isotermo** *(isoterm):* está recubierto de aislante que limita el paso de calor entre el interior y el exterior. Se emplea, por ejemplo, para el transporte de frutas, donde se requiere conservación de la carga a una temperatura constante.

- **Frigorífico** *(reefer):* es un contenedor isotermo que reduce y mantiene la temperatura mediante un dispositivo de generación de frío. Son muy empleados en la industria alimentaria porque pueden mantener la temperatura alrededor de cero grados.

- **Calorífico** *(calorific):* contenedor isotermo que eleva y mantiene la temperatura mediante un dispositivo de generación de calor.

- **De temperatura controlada** *(controlled temperature):* que regula y registra tanto temperatura como humedad. Se emplea, por ejemplo, para el transporte de obras de arte.

- **Plegable** *(collapsible):* contenedor cuyos elementos se pueden plegar para el transporte en vacío.

- **Iglú** *(igloo):* contenedor habitual en el transporte aéreo, dado que se adapta al fuselaje de las aeronaves.

Figura 9.8. Contenedor cisterna.

1.3.5 Carga de maquinaria y vehículos

La carga de maquinaria pesada y vehículos acostumbra a ser compleja y requiere soluciones específicas, como contenedores plataforma o de techo abierto, o incluso unidades de transporte rodante (ro-ro). En todos ellos, el amarre o trincaje será clave.

El modo de transporte vendrá determinado por el punto de destino y las necesidades de tiempo de tránsito.

En este apartado se encuentra el transporte de grúas, vehículos industriales, maquinaria para la construcción y la minería, transporte de carretillas, tractores y maquinaria agrícola, o incluso maquinaria para la construcción de carreteras.

2 Tipos de carga

2.1 Carga completa

La carga completa se corresponde con la carga de una unidad completa de transporte; generalmente, un contenedor o un camión.

Es un sistema que ofrece cierta seguridad, dado que no existe manipulación de la carga por personal de la empresa transportista en almacenes intermedios. Tal cual se carga, se precinta y llega a su destino, de puerta a puerta, sin recogidas posteriores, ni entregas previas. Se evitan robos y daños de manipulación.

Por otro lado, al ser un lote de carga eficiente, su costo es el más rentable.

Las cargas completas se cotizan básicamente en función del equipo de transporte requerido, el destino y los tiempos de tránsito.

> **buque ro-ro**
>
> Buque de manutención horizontal *(roll-on/roll-of)*, diseñado para el transporte de mercancías sobre medios rodantes utilizados en el transporte terrestre, como plataformas, remolques o semirremolques, camiones, vagones, etc., que se colocan a bordo por sus propios medios o mediante carretillas elevadoras o grúas. Sus bodegas están constituidas por un garaje de varios pisos comunicados por rampas o ascensores, al que se accede por la popa, la proa o por el costado.

2.2 Grupaje

El grupaje es un procedimiento utilizado al expedir un conjunto de cajas o palés, que no logran alcanzar el volumen de un camión o contenedor completo.

Con un criterio económico, el expedidor puede decidir ahorrar ciertos costos y compartir el contenedor o camión con otras mercancías de otros cargadores, con la misma ruta.

Si el destinatario es el mismo, este puede consolidar la carga y emplear un único documento de viaje, por ejemplo un único B/L, que le ahorrará costos aduaneros.

Si los destinatarios son diferentes, el consolidado de la carga lo realiza generalmente el proveedor de transporte, quien decidirá cómo combinar la carga, el modo de distribuirla y en qué orden cargar y entregar. Lo habitual es que tenga programadas unas frecuencias según el destino de cada mercancía, con los tiempos de tránsito estimados. Si hay mucha demanda para una ruta concreta, la frecuencia del servicio será elevada, y la empresa operadora de transporte podrá ofrecer la consolidación de la carga a mejores precios y podrá optimizar el recorrido, proporcionando una ruta casi directa de recogida a entrega sin grandes desviaciones.

Lamentablemente, en el grupaje puede haber manipulaciones de la carga por personal de la empresa transportista en almacenes intermedios. No obstante, si las cargas parciales son grandes, el propio camión que hace el tránsito internacional puede ir directamente a recoger las partidas, en orden inverso a su entrega, con lo que prácticamente no habrá manipulación de la mercancía posterior a la carga.

La manera de cotizar el grupaje es en función de la ocupación del camión o contenedor y del destino de la mercancía, donde puede ser clave el código postal concreto de entrega. En el caso del transporte terrestre, existen tarifas anuales de grupaje a los distintos destinos. Se puede recibir una tarifa para un país completo, si se trata de países de superficie pequeña, como Bélgica, o por grupos de códigos postales. Por ejemplo, en Italia, se distingue la zona de Milán (código postal 20), de la de Venecia (código postal 30) o de la de Roma (código postal 00).

Hay regiones que por su orografía o por razones de seguridad no están cubiertas por todas las empresas transportistas, y las que lo hacen aplican unos precios que compensen sus riesgos o costos.

Las tarifas pueden ser según metros lineales o por metro cúbico. El metro cúbico resulta más rentable para el cargador cuando la altura de los palés no ocupa la altura de la puerta del camión y se puede colocar algo remontado encima. Si no es remontable, se cobrará la altura como ocupada.

El medio camión suele tener tarifas interesantes. Con sólo medio camión de un único cargador el transportista puede considerar de interés realizar el viaje, ya que lo que no ha obtenido en un viaje lo puede obtener a la vuelta, o como poco garantizar la regularidad del servicio para sus clientes.

2.3 Paquetería

Por paquetería se entiende el transporte de paquetes y documentos (informes, correspondencia, unidades de memoria, etc.) que requerirán de un factura proforma o comercial.

En general, hay unas mercancías restringidas al servicio de transporte urgente puerta a puerta *(courier)*, tales como animales vivos, joyas y metales preciosos, obras de arte y antigüedades, árboles y plantas, mercancías perecederas o peligrosas, o prohibidas por la aduana de destino. En ningún caso se puede enviar dinero en efectivo.

La paquetería es un servicio exprés, que se presta por carretera o por vía aérea. Para documentos o pequeños bultos, además de ser más rápido, es más económico, porque la recogida y entrega tienen un costo mínimo en comparación con la de un grupaje. La diferencia estriba en el medio de transporte que las realiza: un servicio de mensajería en moto, coche o pequeña furgoneta, en el caso de la paquetería, y un camión más grande o incluso el propio camión internacional en el grupaje.

3 Estimación de la carga

3.1 Cubicaje

Cubicar es determinar el volumen necesario que se debe disponer de una unidad o medio de transporte para cargar una mercancía.

En el caso del granel, la cantidad máxima de contenido lo marcará el propio continente o contenedor; en litros en el caso de líquidos, o metros cúbicos en el caso de sólidos. En la industria alimentaria, es necesario el pesaje de las partidas para obtener el número de toneladas que se van a transportar. Por ello, al cerrar una venta, no se debe comprometer un peso exacto, a no ser que este se subestime para garantizar la viabilidad del envío. Lo mejor es cargar lo máximo, pesarlo y luego terminar la facturación. Las facturas proforma deberían permitir cierta flexibilidad en la carga, indicado con un porcentaje, como por ejemplo ±5 % o aludiendo a un máximo y un mínimo.

En el caso de la paletización, para una empresa exportadora europea el cubicaje es relativamente sencillo, especialmente si se emplean palés europeos. La razón es que los camiones tienen medidas que son múltiplos de los palés europeos. Por ejemplo, el ancho del camión es equivalente al largo de dos palés europeos (1.2 m × 2) o al triple de su anchura (0.8 m × 3). Con esto, es fácil estimar que en 12 m de longitud de camión podrían colocarse treinta palés, pues caben tres por cada 1.2 m de largo de la caja del camión. Como los camiones pueden tener algo más de longitud, es conveniente saber con exactitud cuál es su medida, pues es habitual poder cargar una fila más y llegar a 33 palés europeos.

Si se trata de palés americanos (1 × 1.2 m), hay que vigilar la colocación del palé. Si se ubican solo dos palés por cada 1.2 m de camión, solo cabrían veinte en 12 m, perdiendo sin carga un volumen del 17 %, pues se carga un ancho de 2 m cuando se podría cargar hasta 2.4 m. Por ello, hay que colocar el palé de manera que se ubiquen dos palés por cada metro de longitud del camión, completando veinticuatro en 12 m.

Si son palés de dimensiones distintas, lo más eficaz es afilar el lápiz o usar una hoja de cálculo y tratar de hacer una simulación de la superficie del camión y analizar cómo se pueden cargar los palés de manera óptima.

En relación a la altura de los palés, hay que intentar que esta sea por encima de 1.8 m.

Cuando se negocian compras en condiciones EXW, la empresa proveedora no participa del costo del transporte y cuando el cliente recoge la mercancía se puede dar el caso que haya de pagar por una superficie de camión excesiva, porque los palés no superan el metro o metro y medio de altura, sin ninguna razón que lo justifique más que la mayor facilidad de poner piezas sobre una base de madera y flejar, sin tratar de apilar y asegurar la estabilidad del palé. También hay proveedores que solicitan dos contenedores cuando con uno hubiera sido suficiente, si se hubiera estudiado algo más la manera de disponer la mercancía. Es importante hacer partícipe al proveedor de la incidencia que tiene el costo del transporte en el producto, incluso dando el dato porcentual. De esta manera, tratará de unificar pedidos o de gestionar mejor los palés y las cargas, aunque él no las pague directamente.

El agente comercial conoce los costos y márgenes, y tiene un enfoque de servicio al cliente, pero lamentablemente otros departamentos, como expediciones, pueden tener intereses, objetivos o criterios contrapuestos, como rapidez para liberar espacios de carga, empleo de la menor manipulación posible de las mercancías o dejar espacio libre alrededor de una pieza para evitar su contacto con otras, entre otros. Lo mejor es evidenciar el costo que supone el transporte y su afectación sobre el del producto, y estudiar con el proveedor de qué manera se puede optimizar la carga sin afectar al proceso productivo, al aseguramiento de la calidad y a la protección del producto, de acuerdo con sus características de resistencia y apilamiento.

Hay que tener en cuenta que los palés, en el caso del contenedor, pueden no poder cargarse en su múltiplo idóneo, porque la anchura del contenedor es ligeramente inferior a 2.4 m, a lo que se suma que puedan tener alguna deformación que los haga más estrechos. Ocurre muchas veces que los palés europeos no caben en grupos de tres por su lado corto, ni en grupos de dos por su lado largo, por lo que la solución para solventar el problema en el momento de la carga, es perder volumen de contenedor, ubicándolos en grupos de dos por su lado corto, es decir, 0.8 × 2 = 1.6 m. Con esto se pierde casi el 33 % de la posibilidad de carga. Para prevenir este problema, lo mejor es comprar palés a medida, con dimensiones ligeramente inferiores a las del palé europeo, por ejemplo 0.77 × 1.15 m.

En el caso de las cajas, su cubicación es algo más compleja que en los palés, porque la posibilidad de distintas combinaciones es muy alta. En cualquier caso, hay que intentar hacer un estudio previo volumétrico de cuánta mercancía se puede cargar, con lápiz y papel o con un programa informático específico. Lo más sencillo es seguir inicialmente varios criterios de apilamiento:

- Unificar las cajas de dimensiones iguales, porque permiten hacer múltiplos, sin perder volumen.
- Situar las cajas más grandes en la base, haciendo una cama sobre las que ubicar las pequeñas.
- Cargar lo más pesado y voluminoso al fondo del contenedor, porque será al final de la carga cuando se evidencie si se va ajustado de volumen y toque ensayar varias retiradas para probar distintas configuraciones de carga.

Estos criterios pueden funcionar o no, porque también conllevan su aspecto negativo. Obviamente, lo más pesado al fondo obliga a recorrer el largo del contenedor con una transpaleta u otro elemento de manutención. Además, con este criterio, si no se logra cargar algo por falta de espacio, será seguramente algo de tamaño reducido, que puede ser un bulto tan importante como otro grande, que a su vez, si fuera retirado, podría liberar un gran volumen.

3.2   Planos de carga

Cuando se trata de transportar maquinaria o grandes elementos de construcción, lo más adecuado es emplear planos de carga. Son planos descriptivos del despiece de una máquina, donde debe figurar el contenedor con las piezas que se han de ubicar y su colocación exacta.

Es importante verificar que las dimensiones máximas de las piezas no sobrepasan las del contenedor, que el peso se reparte de manera equitativa a lo largo del suelo y que las piezas que deben soportar más peso sean las más resistentes. También hay que prevenir cualquier tipo de vuelco o golpe entre los distintos elementos por medio de una estiba correcta, así como un trincaje o amarre que inmovilice el contenido.

La **estiba** es la colocación de la mercancía en el vehículo de transporte. Hay que hacerla de manera que se eviten posibles daños derivados de los movimientos que realice el vehículo, de aplastamientos por el vuelco de piezas o del propio contenedor, de la contaminación que unas mercancías puedan provocar en otras o del contacto con fuentes de calor. Una estiba correcta también puede prevenir el robo y, sobre todo, agilizará la carga y descarga.

3.3   Factor de estiba

Uno de los puntos clave de la estiba es respetar el factor de estiba. Cada mercancía tiene un factor de estiba específico, que es la relación entre el volumen que necesita ocupar para ser transportada en condiciones idóneas y su peso. Es la inversa de su peso específico, si bien el factor de estiba también tiene en cuenta las pérdidas de espacio entre bultos.

Su cálculo sirve para aprovechar adecuadamente el espacio de carga de los vehículos.

En el factor de estiba pueden intervenir distintas variables, como el contenido de humedad en granos o cómo se han formado los paquetes o fardos.

El factor de estiba suele expresarse en m^3/t. Según sea el factor de estiba se distinguen dos grupos de mercancías, las ligeras o de baja densidad y las pesadas o de alta densidad.

4   Descripción de pesos y bultos

4.1   Puntos de amarre y elevación

Los puntos de amarre o de elevación *(lifting points)* son puntos de anclaje que se emplean para fijar o izar las cargas y facilitar su manejo.

Para elevar las cargas, tirando directamente de ellas, se pueden emplear orejetas o cáncamos que se unen al objeto que se ha de elevar mediante rosca o soldadura, e identifican claramente donde posicionar el gancho de la grúa, del puente grúa o del cabestrante.

Otros accesorios empleados para la elevación son eslingas y cadenas. Es estos casos, es recomendable que existan indicaciones precisas de por dónde asir la carga, para posicionar la eslinga justo en esos puntos y evitar el riesgo de distribuir el peso incorrectamente y que vuelque. La empresa fabricante de maquinaria, por ejemplo, conoce la distribución de pesos de los elementos y la densidad de cada componente, de manera que con el programa de diseño que emplee le será fácil definirlos. Sin embargo, el gruista se moverá simplemente por su experiencia en volúmenes, sin atender a la distribución real de pesos.

Un buen manual de instalación facilitará, entre otras informaciones, planos donde figuren los puntos de elevación. Es importante en máquinas contrapesadas, especialmente si los contrapesos son móviles, al igual que en piezas telescópicas que pueden ir más o menos extendidas.

4.2   Lista de pesos

La lista de pesos *(weight list)* es parte de la documentación exigida generalmente para el transporte, aunque a veces baste con añadir en la lista de empaque los datos relativos al peso de cada bulto, o incluso solo los totales.

En la lista de pesos debe figurar el peso de cada bulto y el peso total de la expedición. No hay que olvidar indicar las unidades de medida. Aunque en general se emplea el kilogramo, también se utiliza la tonelada.

4.3   Lista de empaque

La lista de empaque es la lista de los bultos que se han cargado y que viajarán en una expedición. Es importante numerarlos, dimensionarlos e indicar su peso, bien en este documento o en la lista de pesos aparte.

Si la mercancía se presenta en forma de granel, será necesario referirse al continente, es decir, si se trata de un contenedor 40 pies o de una caja móvil *(swap body)*, por ejemplo.

Si se trata de palés, se debe indicar su longitud, anchura y altura. Se tiende a describir el volumen del palé como largo × ancho × alto (L × A × H o, en inglés L × W × H). Aunque otras veces es suficiente indicar la altura, por ejemplo $10 \times 12 \times H15 \, m^3$. Es importante describir el contenido de cada palé para su correcta identificación y trazabilidad.

Si son cajas, no es necesario indicar las dimensiones de cada caja, sino cuántas son y qué volumen total ocupan. Se puede describir el contenido de las cajas.

En el caso de que se transporte maquinaria desmontada, se debe hacer alusión a los componentes principales en los que va desmontada la máquina.

4.4   Peso en diseño y peso real

Cuando se diseñan algunos productos industriales, como máquinas o herramientas, por ejemplo, generalmente se estiman unos pesos a través de un programa de diseño que proporciona datos teóricos de partida, pero que pueden no coincidir con la realidad. Puede haber tratamientos que proporcionan un peso adicional, que no hayan sido tenidos en cuenta en el diseño, como el galvanizado u otros acabados.

Además, puede que se hayan añadido carenados, recubrimientos, pinturas o soportes, que no estaban en el diseño inicial.

Por lo tanto, si el peso va a ser clave para un envío, es importante pesar la mercancía antes de cargar. Si este es un factor crítico debido, por ejemplo, a limitaciones de peso en un vehículo de transporte, o a que en una instalación va a haber una grúa con una determinada capacidad de carga, en estos casos es conveniente fotografiar cada pesada en la báscula para realizar un cálculo de pesos real.

Cuando los pesos se extraen de un catálogo, también es conveniente verificarlos porque los catálogos pueden estar editados según unos pesos iniciales y no haberse actualizado convenientemente. Pueden haber existido modificaciones en los materiales, pequeñas mejoras, suplementos o cambios de materia prima, y todo esto provoca cambios de peso unitario, quizá no muy notorio en un solo elemento pero sí en la totalidad de un envío.

4.5   Peso neto y peso bruto

El peso neto se corresponde con el peso de la mercancía sin embalar. El peso bruto conlleva el embalaje y cualquier otro elemento adicional. Es conveniente diferenciarlo porque en caso de exceso de peso podría modificarse el embalaje, aligerándolo, sin variar el contenido del envío.

La tara del camión o del contenedor sumada al peso bruto dará la totalidad de peso a remolcar, factor de suma importancia en algunos medios de transporte.

Figura 9.9. **Buque de carga horizontal (ro/ro).**

La terminología internacional habla de *net weight* para referirse al peso neto y de *gross weight* para referirse al peso bruto.

5   Medios para cargar

El almacenamiento sirve para gestionar las existencias de manera integral. Los almacenes se corresponden con una fase del transporte de velocidad nula, que además regula los ritmos de la cadena de transporte.

En los almacenes se realizan las operaciones de carga de la mercancía en el vehículo de transporte elegido, y se descargan materiales para su empleo en fases productivas posteriores o para su distribución comercial.

FI-FO

Abreviatura de *first-in / first-out* o «primero en entrar, primero en salir», sistema de almacenamiento donde las primeras mercancías almacenadas son las primeras en extraerse, lo que contribuye a la máxima rotación de los productos.

Se debe decidir el tipo de almacenamiento según su duración, las características de la mercancía y el grado de automatización del almacén. Existen almacenes de gravedad, dinámicos, abiertos o cerrados, automáticos o semiautomáticos, con mayor o menor gestión informática, especializados en mercancías peligrosas, perecederas o en animales vivos, entre otras tipologías.

La agilidad en la manipulación de mercancías en el almacén genera una gestión eficiente que contribuye a la calidad de sus operaciones y reduce los costos de almacenamiento. Hay múltiples factores que pueden mejorar el rendimiento de un almacén, como generar un sistema de control de entradas y salidas para disponer de una trazabilidad óptima, emplear sistemas FI-FO, contar con herramientas o programas de control de reposición de materiales, sistemas justo a tiempo que tiran de la demanda, distribuciones en planta *(layout)* con identificación precisa de pasillos y estanterías, técnicas visuales de control de existencias con llamada al reaprovisionamiento, entre otras.

En el caso de la carga de un vehículo, se emplean un conjunto de elementos auxiliares que facilitan la recogida de la mercancía en el seno del almacén, su tránsito por los pasillos hasta el muelle de carga y la propia carga en el interior del medio de transporte.

Los elementos de manutención más utilizados para la carga y descarga, así como en la manipulación dentro del almacén y en la preparación de pedidos, son transpaletas manuales y eléctricas, carretillas elevadoras con horquillas, plataformas elevadoras y grúas móviles como pórticos o puentes grúa.

También hay elementos auxiliares que ayudan a la carga como los patines o gatos que elevan el producto lo suficiente para que otro equipo pueda cogerlo por debajo; las balancelas en automoción, que contienen materiales suspendidos de un carril elevado, y que pueden incluso realizar giros para acceder a ciertas fases del proceso productivo; por último, también son interesantes los trineos de altura variable usados en los montajes industriales.

5.1 Transpaleta

La transpaleta es un elemento de manutención que consta de dos largueros situados horizontalmente en forma de U. Se utiliza para trasladar mercancías ubicadas sobre palés.

Se conduce con una barra que dirige el movimiento a modo de timón. Permite una pequeña elevación del palé, que hace posible el traslado de la carga.

Los tipos de transpaletas dependen del tamaño y el sistema de tracción. Pueden ser manuales (la elevación se realiza a través de una bomba hidráulica y el freno se

Figura 9.10. Operaciones de manutención con transpaleta.

activa desde la barra timón) o eléctricas (un motor eléctrico impulsa el desplazamiento y la elevación).

5.2 Carretillas elevadoras

Las carretillas elevadoras son equipos de manutención provistos de dos horquillas situadas en posición horizontal que se introducen en la parte inferior de la paleta. En algunos países también se conocen como toro (España), pato (Perú), yale (Chile) o Clark (Argentina). Sirven para transportar y apilar cargas que generalmente van montadas sobre palés.

carga consolidada

Mercancía formada por unidades de carga fraccionada o ítems individuales que junto con otras se acondicionan como una única unidad física de manipulación y circulación (sobre un palé o en un contenedor, por ejemplo), compacta, reforzada y provista de elementos (flejes, patines, listones, asas, etc.) que permitan su manejo, traslado y almacenamiento de manera homogénea, sistematizada y segura, con el fin de facilitar su expedición y transporte hacia un destino común.

Pueden ser eléctricas o con motor de combustión, con contrapeso o sin él. También pueden clasificarse en función de la posición del conductor: de conductor acompañante (el operador va de pie en la máquina controlando su dirección) o de conductor montado (sentado en la cabina de la máquina).

5.3 Plataformas elevadoras

Son equipos móviles diseñados para realizar trabajos en altura. Permiten desplazar y elevar personas, herramientas y cargas hasta una posición determinada en altura. La mayor ventaja es la adaptación del equipo a la obra. También se conocen como plataformas pío-pío.

Hay que distinguir estas máquinas de las llamadas trampillas elevadoras, que son equipos de manutención específicos para la carga y el transporte de mercancías; pudiendo ser verticales o abatibles, retráctiles, etc. Estas trampillas elevadoras tienen la posibilidad de acercarse a muelles de carga o elevarse en columna.

También existen la rampas, que son muy necesarias cuando las instalaciones en donde se carga no disponen de carretillas elevadoras, ni puentes grúa. Por ello, es habitual que cuando se contrata transporte terrestre por primera vez, el transportista pregunte acerca de los medios de carga disponibles en las instalaciones donde se va a cargar, ya que, en caso de no disponer de medios, será necesario un camión con rampa, para poder subir los palés mediante transpaleta o carretilla elevadora.

Figura 9.11. Operación de carga de un vehículo con carretilla frontal contrapesada.

Figura 9.12. Grúa pórtico.

5.4   Puentes grúa

Las más habituales son las grúas móviles que se instalan en centros de producción para desplazar o manipular cargas pesadas.

En las terminales portuarias y ferroviarias se emplean las grúas pórtico, que tienen forma de U invertida, equipadas con un balancín o *spreader* para la carga-descarga y el trasiego de contenedores. Estás grúas se deslizan sobre raíles o neumáticos a través de pistas de rodadura y el puente de la grúa abarca una gran superficie de almacenamiento.

Capítulo 10

Las medidas del transporte. Datos prácticos

Las dimensiones de los camiones y los contenedores, así como los pesos máximos que se ofrecen en este capítulo, se deben considerar como aproximados, ya que pueden variar según los países, con cada empresa de transporte, línea marítima y destino.

1   Camión

Un camión es un vehículo motorizado diseñado para el transporte de mercancías; en el transporte internacional se emplea el tipo tráiler.

El más habitual es el *tauliner*, con lona lateral y techo corredero. Es similar al megatráiler, pero este cuenta con casi tres metros de altura, mientras que el *tauliner* es de dimensiones más reducidas.

Hay camiones específicos para el transporte de mercancías peligrosas, con una apertura lateral de aluminio que aporta seguridad. Existen también camiones frigoríficos, provistos de equipos de control de temperatura para el correcto mantenimiento de la cadena de frío. Estos se utilizan especialmente para transportar mercancía perecedera. Existen camiones abiertos u *open truck,* provistos de plataforma y adecuados para el transporte de mercancía de dimensiones especiales.

1.1   Medidas interiores y exteriores del camión

El *tauliner* suele medir 13.6 m de largo, lo que le permite cargar hasta 33 europalés no remontables (o un número mayor si se remontan). No obstante, algunos de estos camiones pueden alcanzar los 14 m de largo.

Contenedores de transporte						
	Dimensiones internas (mm)			Capacidad y carga útil		Con puertas abiertas (mm)	
	Longitud	Anchura	Altura	Volumen (m³)	Carga máxima (kg)	Anchura	Altura
Contenedor de carga general *(dry container)*							
20'	5.898	2.352	2.393	33,2	21.740/28.230#	2.340	2.280
40'	12.032	2.352	2.393	67,7	26.630	2.340	2.280
HC	12.032	2.352	2.698	76,3	26.520	2.340	2.585
45'	13.556	2.352	2.695	86	27.910	2.340	2.579
Contenedor de costado abierto (open side)							
20'	5.896	2.310	2.255	31	22.470	2.236	1.960
Contenedor granelero *(bulk container)*							
20'	5.444	2.284	2.267	28,5	21.135/27.160#		
40'	11.583	2.284	2.250	58,7	26.580		
HC	11.583	2.286	2.556	67,9	26.380		
45'	13.102	2.286	2.509	75,4	27.300		

Contenedor sin techo *(open top container)*

| 20' | 5.900 | 2.330 | 2.337 | 32,6 | 21.740 | | |
| 40' | 12.025 | 2.330 | 2.337 | 65,8 | 26.410 | | |

Contenedor plataforma *(flat rack container)*

| 20' | 5.628 | 2.178 | 2.159 | / | 21.740 | | |
| 40' | 11.762 | 2.178 | 1.986 | / | 26.410 | | |

Contenedor tanque *(ISO tank)*

| 20' | / | / | / | 21 | 27.410 | | |

Contenedor granelero *(bulk container)*

| 20' | 5.838 | 2.366 | 2.374 | 32,7 | 28.030 | | |

Tabla 10.1. Medidas interiores y exteriores de modelos de contenedor.

El ancho del camión suele ser superior a 2.4 m, para poder introducir tres europalés cada 1.2 m a lo largo del camión. Acostumbra a oscilar entre los 2.42 m y los 2.5 m, pero pueden encontrarse camiones de hasta 2.6 m de anchura.

La altura no acostumbra a exceder de 2.6 m, aunque hay flotas de camiones de alrededor de 2.7 m. Si se necesita un camión de mayor altura, se puede recurrir a un megatráiler, que permitirá alturas interiores de 2.8 hasta 3 m.

1.2 Peso máximo permitido

Una cabeza tractora solo puede remolcar un peso máximo autorizado de carga neta más la tara del camión en vacío, esto es lo que se conoce como peso máximo permitido.

El peso máximo permitido dependerá del número de ejes del tráiler (2, 3 o 4 ejes), aunque cada país dispone de normativas específicas, adecuadas a las características de las flotas de camiones y de sus redes viarias. En el caso de España, el peso máximo del camión más la mercancía es de unas 49 t, con lo que no se permite una carga superior a 24 000 kg.

2 Contenedor marítimo

Las dimensiones y el peso del contenedor de transporte dependen de su tipología, de la compañía marítima y del destino. Por lo tanto, se puede trabajar habitualmente con datos aproximados, tratando de cubrir el criterio más conservador, y acudir al detalle de la compañía o a la legislación de un determinado país cuando sea necesario concretar una expedición determinada.

2.1 Medidas interiores y exteriores del contenedor

Las dimensiones interiores y las capacidades de los contenedores de transporte son las que se detallan en la figura 10.1.

- **Contenedor cerrado**
  Es importante tener en cuenta las dimensiones de las puertas para estimar la altura máxima que podrá alcanzar el palé embalado. En el caso de palés compuestos por cajas, puede que se deje la última fila de cajas sin flejar, se

introduzca el palé en el contenedor y se termine de flejar ya dentro de este. La operación puede complicarse si el palé tiene una sola pieza, en cuyo caso, esta se puede volcar, pasarla en horizontal y elevarla a su posición vertical ya en el interior del contenedor. El ancho de la puerta no suele ser un elemento conflictivo, pero es importante conocer que es inferior al ancho del contenedor.

Al prever el llenado del contenedor con europalés, hay que observar que seguramente no se podrán introducir cinco filas de 1.2 m de largo, ni siete filas de 0.8 m, por ejemplo, sino que habría que combinar anchos de 0.8 m con largos de 1.2 m, no pudiendo introducir más de once europalés. Con ello se desaprovecha 0.35 m por fila sobre 2.35 m de ancho disponible, y se ocupa solo un largo de 4.8 m con un ancho de 0.8 m y 5.6 m con un ancho de 1.2 m. Este cálculo que parece algo complejo, en cuanto se desarrolla un estudio básico de cubicaje, se reduce a cuadrar dimensiones, calcular el porcentaje de ocupación, y analizar las distintas distribuciones posibles en planta y en altura para elegir la más más eficiente.

Como ya se avanzó, para el llenado de contenedores lo óptimo es recurrir a palés de dimensiones personalizadas.

Hay que recordar que la carga paletizada con la altura máxima posible, debe disponer de una superficie de base amplia, con la carga bien encajada, para evitar que se mueva en exceso.

Figura 10.1. Contenedores en una terminal portuaria.

- **Contenedor de gran capacidad**

  En el caso de utilizar contenedores de gran capacidad *(high cube),* si el palé lleva cajas, los algo más de 30 cm adicionales de altura permiten colocar una fila de cajas adicional a la que cabría en un contenedor 40 pies estándar.

  Hay destinos para los que encontrar un contenedor de gran capacidad de retorno es complicado, pero hay otros donde es tan habitual que el precio del porte será prácticamente equivalente. Por lo tanto, ante la mínima dificultad, conviene solicitar precio para un contenedor 40 pies estándar y 40 pies *high cube.* Es muy posible que si la altura es una limitación interese este último, lo que no implicará un impacto notable en el costo.

- **Contenedor sin techo**

  Los contenedores sin techo *(open top)* son equipos con el techo retirable y puede superarse la altura de 2.33 m de su estructura. Ha de preverse una penalización por superar las medidas establecidas o *out of gauge* (OOG), al impedir que el contenedor sea remontable y deba ir en posiciones específicas en la estiba dentro del buque.

  En general, ante la necesidad de una altura adicional, hay que preguntarse si un contenedor sin techo admitirá la altura específica de la mercancía que se necesita transportar y, en caso afirmativo, qué costo extra conllevará. En general, los elementos que excedan de la altura del contenedor es necesario cubrirlos con lonas para protegerlos de la humedad. No obstante, las lonas estándar para contenedores no abrochan o cierran completamente, por lo que si hay una altura extra, habría que cargar sin lona o colocar un plástico sujeto por bridas, o preferiblemente una lona especial hecha a medida. Si la altura adicional no es excesiva, habría que intentar atar la lona a la carga con bridas, y cerrar o cinchar la lona al contenedor de la mejor manera posible, evitando que se generen bolsas de aire, que pudieran causar que la lona se abra o vuele durante el transporte.

  En caso de no ser viable el transporte en contenedor sin techo con una altura extra, se podría considerar al elemento sobresaliente como una carga aislada, y cargarla en una plataforma o un transporte convencional hasta el puerto de salida y allí embarcarla en la bodega del buque. No obstante, no todos los buques admiten cargar en bodega, y los hay que solo aceptan cargas contenerizadas. En ese caso, se podría cargar un material en un buque y la pieza de dimensiones extraordinarias en otro, generando dos B/L y un costo relevante.

  Si lo que sobresale del contenedor es un único elemento, se puede termosellar para reducir al máximo la humedad que vaya a soportar, a pesar de que puedan ser equipos para trabajar en intemperie, para lo que habrá que suministrar medidas y plano del elemento o la pieza. Esta operación, en la que se incluye la materia prima y la instalación, puede ser costosa, aunque una lona hecha a medida puede tener un costo similar. Si se desea cerrar completamente un contenedor, puede ser conveniente el uso de la lona. Si el contenedor contiene un único elemento, puede ser preferible el termosellado.

En general, aunque la altura extra sea considerable (cercana al metro, por ejemplo) no habrá problema con los gálibos en el tramo de carretera que haya que recorrer porque se cargará en una plataforma rebajada, con permiso de transporte especial por altura. Sin embargo, cargar en una plataforma rebajada puede suponer un 25 % de costo adicional al de la altura extra en el contenedor. Es crucial que en la documentación de entrada al puerto del contenedor figure claramente la altura real, es decir, el contenedor debe tener permiso de entrada al puerto con medidas extra.

- **Contenedor de 45 pies**
  Cuando hay necesidad de contenedores de longitud superior a 12 metros, se pueden utilizar contenedores de 45 pies, con largo de 13.5 m, aunque no siempre hay disponibles, depende del uso en cada país, y las navieras en general no lo admiten para viajes transatlánticos.

- **Contenedor plataforma**
  Otra opción es el contenedor plataforma *(flat rack)*, con puertas abatibles. Este tipo de contenedor puede no servir si las navieras regulares que operan hacia un determinado destino no permiten exceder del largo de 12 m para su estiba óptima en el buque.

  Para estos casos, una solución es acudir a un servicio convencional, en bodega, como el caso de la altura extra no admitida en un contenedor de techo abierto. Un hándicap puede ser que hay pocas navieras que ofrecen este tipo de servicio y con frecuencias dilatadas.

2.1.1 Peso máximo permitido

Con respecto al peso para contenedores, cada naviera y país siguen una normativa específica. La normativa más restrictiva es la de Estados Unidos, con un peso máximo permitido por contenedor de 19.5 t.

Hay navieras que permiten 24 t para todos los contenedores (ya sean de 20 o de 40 pies), otras que admiten 21 t para un contenedor de 20 pies, y 26 t para uno de 40 pies.

En general, como peso estándar admisible por contenedor se puede hablar de 20 t (excepto en Estados Unidos). Si durante el estudio de la carga en contenedores se considera que esta va a superar las 20 t, lo mejor es consultar a la naviera específica de ese embarque, y comprobar las posibles restricciones para el país de destino.

Si una vez cargado el contenedor se percibe que el peso es superior al límite establecido por la naviera, hay varias posibilidades. La más sencilla es retirar el peso extra y solicitar otro contenedor o un grupaje, con el riesgo de demorar la segunda carga, así como el propio embarque del conjunto, especialmente si se cargó cerca del día de cierre de despacho *(closing port)*, a no ser que se desconsolide la carga en dos grupos para ir embarcándola. En cualquier caso, existen otras posibilidades que permiten cargar toda la mercancía si se excede en una o dos toneladas únicamente: pagar un sobrepeso a la naviera, y solicitar un permiso de transporte especial para conducir la mercancía a su destino final desde el puerto de llegada. Hay transportes especiales como un camión de tres ejes que permite cargar algo más de peso por carretera.

3 Palés

Un palé es una plataforma que permite agrupar mercancías sobre él, generando una unidad de carga. El palé puede ser de madera o de otros materiales. Puede tener dos entradas o más, así como ser retornable o no.

Existen palés normalizados y palés a medida, que se adaptan a las más diversas mercancías que haya que soportar.

3.1 Medidas normalizadas

El palé europeo o europalé es el más utilizado en Europa. Sus dimensiones están normalizadas (1 200 × 800 mm), así como su capacidad de carga y resistencia (soporta una carga máxima de 1 000 kg). Sus dimensiones están especialmente pensadas para aprovechar las medidas interiores de las cajas de los tráileres, con un ancho generalmente mayor a 2.45 m, de modo que se puedan colocar a lo ancho de la caja dos palés en una dirección o tres palés en la otra.

El palé universal o isopalé, también llamado palé americano, mide 1 000 × 1 200 mm. Existen otros palés de uso minoritario, como por ejemplo los siguientes:

- De 1 200 × 1 200 mm o cuadrado
- De 1 000 × 800 mm, empleado para materiales de construcción
- De 800 × 800 mm, empleado para completar en contenedores la fila con europeos
- De 800 × 600 mm, utilizado en productos de gran consumo.
- De 1 000 × 600 mm, en desuso.

TIPOS DE PALÉS DE MADERA

Palés de dos entradas para las horquillas.

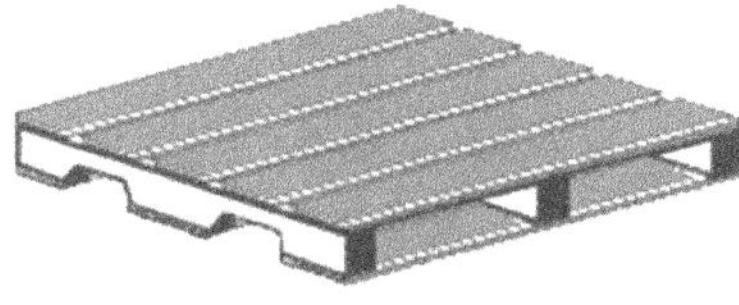

Palé de cuatro entradas para las horquillas, de doble cara no reversible.

Palé de cuatro entradas para las horquillas, de doble cara reversible.

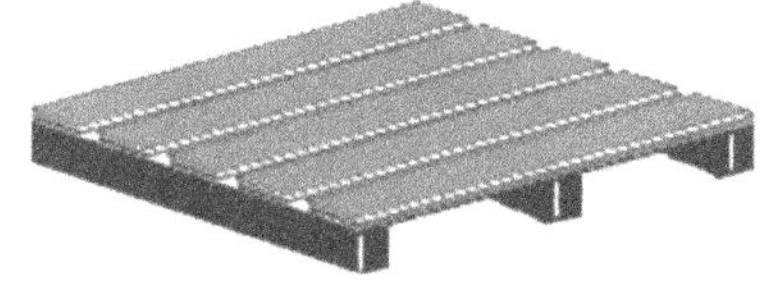

Palé de dos entradas para las horquillas, de cara única, no reversible.

Palé de dos entradas para las horquillas, de dos caras, reversible.

Figura 10.2. Tipología básica de los palés de madera, de dos y cuatro entradas, reversibles y no reversibles.

4 Aviones de carga

En general, existen más restricciones de dimensiones y pesos en el transporte aéreo que en el transporte por carretera, ferrocarril o marítimo.

Los bultos deben ir con un embalaje especial para transporte aéreo: como cajones de madera o jaulas (de madera tratada). Es importante atender al peso que los embalajes añaden a los bultos, así como las dimensiones externas del bulto que finalmente vaya a manejar la compañía aérea. De cualquier modo, hay que tener en cuenta la manipulación del bulto en condiciones de seguridad (los cajones de gran longitud y anchura solo se pueden mover con un puente grúa), y la carga en el vehículo que lo transporte hasta el aeropuerto, donde se introducirá en la bodega.

Se podrán obtener precios de transporte aéreo más económicos si los bultos son remontables, es decir, si se puede apilar material más ligero encima de ellos para cubrir la altura máxima de bodega permitida. En general, los cajones de madera permiten ser apilados.

Las compañías de carga aérea pueden solicitar dibujos técnicos, fotos del material embalado o catálogos del tipo de material. También pueden ser necesarios los planos de carga para conocer la distribución de pesos dentro del cajón, así como su centro de gravedad, de manera que se garantice la seguridad del vuelo.

Figura 10.3. Operación de descarga de un avión Antonov-124, utilizado para transportar carga de grandes dimensiones.

La compañía del carguero, en un momento dado, puede decidir que es mejor que el cargador no embale ciertos bultos de dimensiones complicadas (por ejemplo, vigas muy largas que podrían actuar a modo de proyectil), colocando la carga sobre una base firme de madera y sujetándola con elementos de trincaje, de manera que ya en el carguero se sujetaría a su vez con sus redes y sistemas de amarre propios.

También la compañía aérea puede decidir unilateralmente no cargar toda la mercancía en un mismo vuelo, proponiendo una horquilla de vuelos en los que cargarán todo el material. En este escenario, hay que indicar los bultos prioritarios y planificar un plan de entregas parciales en el destino, para evitar pagar paralizaciones en el aeropuerto, a la espera de que llegue toda la mercancía y consolidarla.

4.1 Medidas interiores y exteriores en bodega

Las medidas máximas para envíos que vayan a viajar en la bodega de aviones de carga paletizada, no en cargueros, habitualmente son las siguientes:

- 310 cm de largo.
- 210 cm de ancho.
- 160 cm de alto.

Para aviones cargueros, las medidas son menos restrictivas, y se pueden admitir alturas de hasta 2.40 m o largos de hasta 12 m. Es decir, una mercancía que fuera a viajar en un contenedor de 40 pies, podría viajar en avión, si empleamos un carguero.

Cualquier dimensión que exceda estas dimensiones irá penalizada en el costo en la cotización que se reciba. Por lo tanto, siempre que sea posible, hay que tratar de conseguir que los bultos posean dimensiones lo más manipulables posibles.

4.2 Peso máximo permitido

El peso máximo permitido por bulto en un avión convencional es alrededor de 4 000 kg.

En un carguero, un bulto no podrá superar las 24 t, ya que simplemente no se podrá transportar por carretera hasta llegar al avión. Igualmente, hay que prever el transporte desde el aeropuerto de destino hasta el almacén u otro lugar convenido. Una medida límite no consensuada o modificada en el último momento al actualizar las dimensiones reales de la jaula o cajón, incrementando la estimación de medidas exteriores de los bultos, puede ser motivo de penalizaciones significativas en el país de destino. Por ejemplo, si hay que tomar un *ferry* posteriormente a la llegada del avión, y el ancho de 2.40 m se excede hasta 2.44 m, la carga en el buque puede requerir retirar las cajas y cargarlas nuevamente en una unidad de anchura extra. No ocurre lo mismo en el transporte terrestre porque en general, los tráileres suelen contar con anchuras superiores a 2.45 mm.

Hay que tener en cuenta en la agrupación de mercancías la relación entre peso y superficie que ocupe la unidad de carga. En general, se admite un peso máximo de 3 999 kg por metro lineal, o 2 000 kg por metro cuadrado de superficie de avión carguero. Por lo tanto, si la agrupación de mercancías tuviera una relación de peso/superficie mayor, habría que reducirlo aumentando la superficie de la base.

Capítulo 11

Seguridad de la mercancía

La seguridad de la mercancía en el transporte se debe garantizar mediante la correcta estiba y fijación de la carga en los vehículos y unidades de transporte intermodal, así como en las operaciones de carga y descarga.

Durante el transporte se debe evitar que la mercancía y cualquiera de sus partes se deslicen, basculen, rueden o se muevan en cualquier dirección.

Por ello, hay que emplear sistemas de bloqueo, fijación o rozamiento, según lo que indiquen los resultados del estudio de las fuerzas que actuarán sobre la carga durante el transporte que se va a realizar.

Estos sistemas tienen la función de proteger la mercancía, a los conductores del vehículo, a las personas que realizan la carga o descarga y a las que pudieran estar próximas a este en la carretera o en instalaciones, almacenes u obras.

Es fundamental que la carga se posicione en el vehículo de manera correcta para evitar cualquier inestabilidad, que podría provocar un vuelco en la carretera. Es por ello que hay que distribuir el peso de la mercancía de manera uniforme, evitando que sobresalgan partes que pueden generar un centro de gravedad fuera del vehículo o tomar una inercia en las curvas que provocaría su caída al descolocarse o moverse.

También es imprescindible la seguridad que se puede conseguir con el embalaje, las películas termorretráctiles o los flejes que agrupan los bultos. Pero para esto son necesarios sistemas de retención, anclaje o bloqueo que eviten el movimiento de los bultos dentro de la caja del camión o el contenedor, tales como materiales de relleno, cuñas, cadenas, tensores, cuerdas, barras, cierres, travesaños, suelo antideslizante o separadores que actúan de protección para evitar que las cargas se dañen entre sí.

Existen algoritmos para calcular los centros de gravedad, el deslizamiento de la carga y el vuelco.

Figura 11.1. Cajón de madera trincado mediante amarres sobre un contenedor plataforma.

Una vez que el proceso de carga ha finalizado, hay que cerrar la caja, colocar marcas y placas y verificar la masa bruta de la mercancía que se expide para ver si sumada a la tara pudiera generar un sobrepeso.

1   Evidencias de la carga

Resulta importante generar evidencias de la carga. Por este motivo, aparte de la documentación del transporte, conviene disponer de fotografías de la disposición de los bultos, de la estiba y de los sistemas de amarre y trincaje, que serán esenciales ante posibles litigios en caso de accidente.

Las fotografías del pesado en la báscula son también de suma importancia cuando posteriormente se pesan en la aduana dichas mercancías, para comparar los pesos con los que figuran en la lista de contenido. La importadora podría ser multada, en algunas aduanas, en el caso de que se halle alguna desviación. Del mismo modo, son importantes los pesos si las mercancías van directamente a una obra y su elevación tiene el riesgo de sobrepasar la capacidad de carga de la grúa.

2   Trazabilidad

La trazabilidad es necesaria para determinar el origen de las mercancías. En una cadena de suministro se debe disponer de la trazabilidad inversa de cada componente del material vendido. Esto se consigue mediante un adecuado control de las compras, de los procesos y de las expediciones.

Es importante distinguir entre trazabilidad interna y externa:

- La **trazabilidad interna** conlleva obtener el trazado del paso de un producto por todos los procesos internos de una empresa: las operaciones, los componentes o materias primas, la maquinaria empleada o los operarios que trabajaron y en las condiciones en que lo hicieron. Identificar y registrar por lotes suele ser lo más factible si no se puede determinar el recorrido seguido por cada mercancía unitariamente.
- La **trazabilidad externa** implica determinar indicios externos que pudieran alterar el producto de cara al cliente, sea durante el transporte, en su manipulación o almacenamiento (por ejemplo, daños físicos o roturas en la cadena de frío).

La trazabilidad inversa recoge todos los indicios desde el cliente hasta el proveedor.

Trazabilidad significa control. Por ello existen sensores de temperatura y de humedad, por ejemplo, que ayudan a reflejar la casuística que ha rodeado toda la manufactura, el transporte y la entrega del producto.

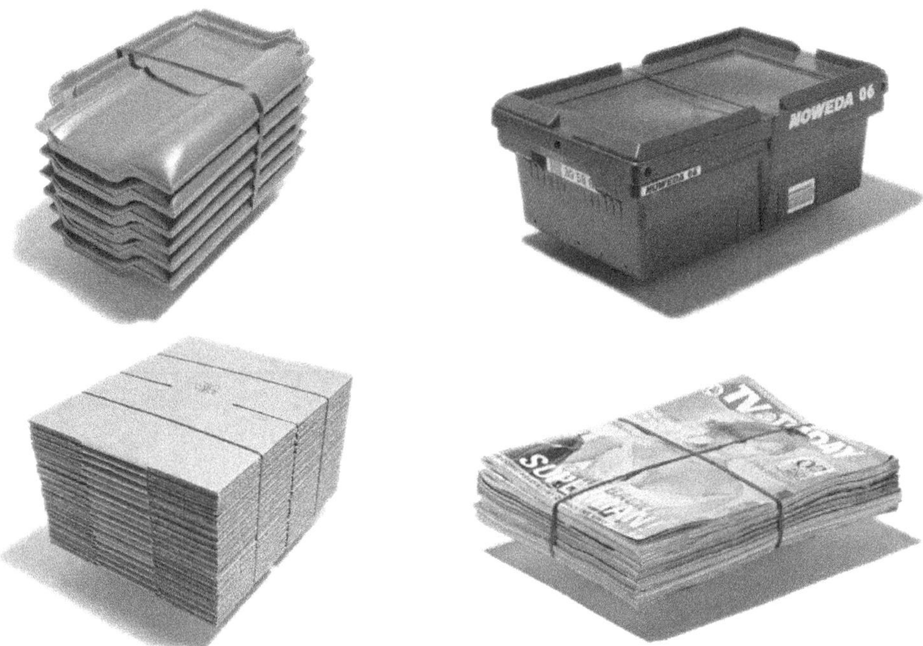

Figura 11.2 Ejemplos de flejado para configurar o asegurar las unidades de carga.

3   Seguimiento del transporte

La posibilidad de realizar un seguimiento del transporte a través de los números de seguimiento o *tracking number* de los envíos mejora notablemente la visibilidad de la cadena de suministro.

La implantación de un sistema ASN *(advanced shipping notification)* permite una planificación de las recogidas y recepciones en el almacén, por lo que estas serán más rápidas y tendrán los recursos necesarios para el desarrollo previsto, simplificando la operativa administrativa asociada y evitando largos tiempos de espera para la carga o la descarga.

Además, es una gran ayuda para el control de las actividades de los operadores logísticos contratados.

4   Precinto

El precinto del contenedor, la caja móvil y, en general, de la unidad de transporte, sirve para detectar una manipulación no autorizada de la mercancía, evidenciando la violación del mismo.

Cada precinto lleva una identificación y suele indicarse en la lista de contenido. Debe verificarse que esta se ha indicado correctamente para evitar posibles equívocos en la recepción o las comprobaciones que se hagan durante el transporte. Si se rompe el precinto antes de la entrega, hay que dejar constancia escrita de quién lo ha hecho y por qué motivo.

Figura 11.3. **Soporte para el transporte de vehículos en contenedor.**

Capítulo 12

Las medidas fitosanitarias

Existe una reglamentación fitosanitaria aplicable a palés y a embalajes de madera utilizados en el comercio internacional. Esta es la Norma Internacional sobre Medidas Fitosanitarias o NIMF-15 (ISPM-15, por sus siglas en inglés).

Esta norma trata de evitar la entrada de plagas, insectos o parásitos que puedan estar contenidos en la madera procedente de terceros países.

Para cumplir con la normativa hay que presentar dos documentos clave: un certificado de origen del palé y un certificado del tipo de tratamiento aplicado para su desinfección, ya sea fumigación o tratamiento térmico.

1 La fumigación y el tratamiento térmico

Si se exporta con el embalaje de madera sin fumigar, sin tratar o sin los certificados correspondientes, se corre el riesgo de recibir multas en el destino, de que la mercancía quede retenida en la aduana o, incluso, que directamente la devuelvan al origen, donde la empresa exportadora deberá correr con los gastos del retorno.

Una de las aduanas más exigentes en relación a estos requisitos es la de la República Popular China. La falta de marcas de fumigación o de tratamiento en unos simples travesaños usados para calzar una máquina sin paletizar puede costar una multa aduanera considerable.

En general, la fumigación o el tratamiento del palé es uno de los requisitos que las empresas importadoras suelen pedir explícitamente a las exportadoras, quienes deben gestionar la fumigación en origen, indicándolo gráficamente en los palés, a través de marcas o señales, así como entregando el certificado fitosanitario. La empresa exportadora podrá cargar el costo del tratamiento de la madera en su precio de venta, como lo haría con otros certificados que deba gestionar para la importadora y que conlleven un costo.

Según la norma NIMF-15, toda la madera de las cajas o en las cajas debe tener marcas claras indicando la fumigación o el tratamiento. La falta de señales o marcas, o simplemente que estas estén borrosas o desdibujadas, puede derivar en que la carga quede retenida o se reciba una multa.

Para reconocer un palé fumigado o tratado, este tiene que estar identificado con una etiqueta o marca que contenga un código identificativo del país de origen, un código identificativo del agente que ha tratado la madera y un código que indique el tratamiento recibido (HT para calor *[heat treatment]* y MB para fumigación por bromuro de metilo *[methyl bromide]*).

Si se fumiga después de su fabricación, se puede solicitar un certificado de fumigación emitido por la empresa fumigadora.

Un certificado fitosanitario según la normativa NIMF-15 puede emitirse con el siguiente texto:

Certificado n.º XXX/2016

La empresa Xxxxx inscrita en el registro de operadores de madera que cumplen la NIMF-15 con el número ES-0000 HT, garantiza que el embalaje realizado para la empresa Xxxxx, en fecha XXXX, con número de factura XXX, cumple con las obligaciones previstas en el programa de conformidad fitosanitaria de embalajes de madera destinados a la exportación, al haber sido sometidos al tratamiento de calor solicitados para los siguientes embalajes: XXX.

El citado tratamiento de calor consiste en alcanzar 56 ºC en el corazón de la madera durante un tiempo de 30 minutos.

Es importante que en la cotización recibida para los embalajes de madera (tanto palés como jaulas o cajones para transporte aéreo o incluso simples travesaños para calzar), quede claramente reflejado que cumplen con la normativa, indicándolo, por ejemplo, de la siguiente manera:

Fabricación de embalaje tipo caja en tablero contrachapado de 12 mm, bastidor en tabla de 20 mm y emisión de certificado fitosanitario según la normativa NIMF-15, para las siguientes cantidades y dimensiones interiores:

Figura 12.1. Marca NIMF-15 (Norma Internacional sobre Medidas Fitosanitarias)
en un embalaje de madera.

En resumen, como regla general se debería proceder en cualquier empresa exportadora de modo que toda la madera que se deba incluir en un contenedor que vaya a terceros países esté fumigada o tratada, para evitar problemas aduaneros. Además, hay que asegurar que se cuenta con los sellos adecuados sobre el material y se deben realizar algunas fotos de las marcas de la madera dentro del contenedor, así como garantizar que se reciben, se registran y se archivan correctamente los certificados del tratamiento correspondientes.

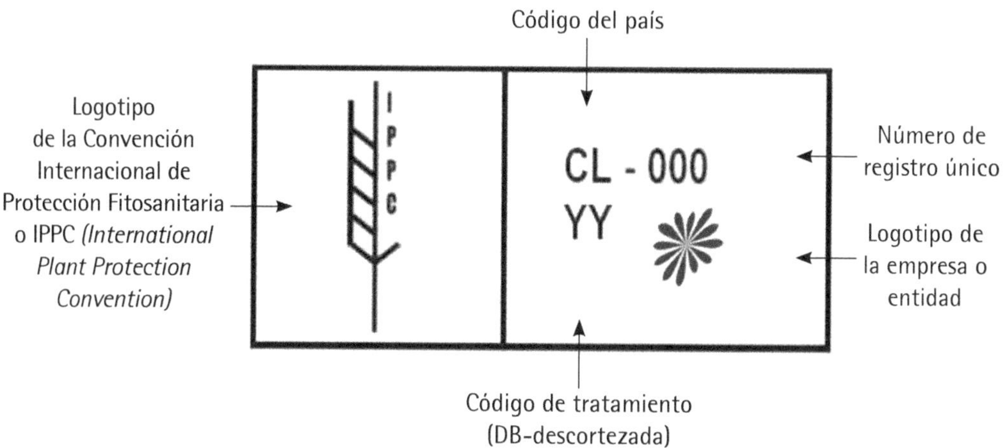

Figura 12.2. Diagrama de la marca NIMF-15.

Puede ocurrir que la madera que se envía esté fumigada y se dispongan de los certificados correctos pero que haya algún listón fumigado que no traiga el sello en toda su longitud, por lo que la aduana de destino podría considerar que hay algún trozo sin marcar. En estos casos es urgente facilitar al destinatario de la mercancía las fotografías de la carga, los certificados del proveedor y, en definitiva, toda la documentación posible para que negocie con la aduana la liberación de la mercancía.

Por lo tanto, el criterio general en relación al tratamiento de la madera es que todo lo que tenga como destino terceros países debería ir sin madera o con madera tratada, fumigada o aglomerado. Suele haber algo más de flexibilidad si se viaja en camión a terceros países, como a países europeos fuera de la UE, por ejemplo, Suiza, o a países limítrofes a Europa, como Marruecos o Turquía, ya que las aduanas marítimas son las que más restricciones ponen.

En las listas de empaque, a veces, no se declaran unidades de embalaje de palés o cajas, por lo que, en principio, no se certifica ni que sean de madera ni que sean tratados, ya que se han empleado otros elementos. Hay que asegurar en estos casos que no se haya introducido ningún calzo, ya que se podría presentar un certificado de fumigación firmado por la empresa exportadora donde confirme que los contenedores para terceros países no contienen madera y que por ello no se requiere certificado adicional. Si hubiera una inspección, se podría multar por unos simples calzos a la empresa exportadora.

Una opción para evitar la fumigación es el uso de palés de plástico, que evitarían el riesgo de multa. También quedarían exentos aquellos artículos que tienen

Figura 12.3. Cámara de secado para el tratamiento térmico
de embalajes de madera, según normativa NIMF 15.

un riesgo bajo de contagio de enfermedad o plaga, por ejemplo, los embalajes de madera procesada como el conglomerado, barriles de alcohol tratados con calor en su fabricación, serrín o virutas.

2   Certificado fitosanitario

Los certificados fitosanitarios se expiden para indicar que los envíos de plantas, productos vegetales (frutas, legumbres, semillas, etc.) u otros artículos reglamentados cumplen los requisitos fitosanitarios de importación conforme a la declaración de certificación apropiada.

Este documento, expedido por un organismo público competente de un país exportador o importador, cumple una función de control para la lucha contra las plagas que requieren determinados vegetales y productos vegetales para ser exportados a determinados países.

3   Reglamento de la madera en la UE

El reglamento de la Unión Europea relativo a la comercialización de la madera (EUTR) es una regulación relativa al origen de la madera, con el fin de controlar las talas ilegales de los bosques. Afecta a las empresas importadoras de madera, las cuales deben recoger información, hacer un análisis de riesgos y desarrollar actividades para minimizar este riesgo. Los compradores de madera para palés deben registrar a quién se la compran y dónde la envían, archivar esta información, guardarla durante cinco años y asegurar que las empresas proveedoras de palés puedan certificar que el origen del material cumple con el reglamento Forest Law Enforcement, Governance and Trade (FLEGT). Este reglamento internacional pretende garantizar que toda la madera y los productos que se exporten a la UE provengan de una gestión forestal sostenible.

Para saber si una empresa exportadora cumple con la EUTR, hay que comprobar que los proveedores de palés cumplen la normativa y si la empresa exportadora guarda los registros que competen a los compradores de palés.

Esta norma europea (EUTR) afecta a quien comercializa madera o derivados. Se aplica tanto a la madera originada en la UE como a la de fuera de la UE, ya que el objetivo es acabar con la compra de madera procedente de talas ilegales de bosques.

Se consideran dos categorías, los operadores y los comerciantes, con distintas responsabilidades:

Figura 12.4. Palés de madera de dos entradas apilados para el tratamiento fitosanitario.

- Los operadores son los que ponen madera en el mercado de la UE y deben mantener los registros de quienes les proveen de ella e implementar un sistema de recogida de información, de evaluación de riesgos y con una lista de actividades para mitigar los riesgos.

- Los comerciantes son los que venden o compran productos de madera que ya han sido puestos en el mercado europeo. Son comerciantes los que compran productos de madera como palés y calzos. Estos deben mantener registros de quién les provee y a quiénes ellos han servido productos. La información debe ser guardada durante cinco años y entregarla si se solicita durante una inspección.

En resumen, todas las empresas importadoras de madera en Europa están obligadas a proveer el certificado FLEGT. La rastreabilidad que ofrece este certificado permite conocer la composición del material o producto a lo largo de la cadena de producción y distribución.

La madera ilegal es aquella que no tiene un certificado o puede ser cortada, procesada, transportada o vendida violando leyes nacionales o internacionales.

Capítulo 13

Operaciones triangulares

1   ¿Qué es una operación triangular?

Una operación triangular *(cross trade)* es una transacción comercial en la que una empresa que adquiere una mercancía en el exterior, la vende a otra en un país tercero sin que la mercancía llegue nunca a entrar en el territorio aduanero del primer importador.

El beneficio de esta operación reside en la diferencia entre el precio de compra y el de venta, incluyendo en ambos precios el transporte, el seguro, los impuestos y las aduanas.

Esta forma de actuar es propia de las empresas llamadas *traders* o intermediarias en el comercio internacional. Son operaciones liberalizadas y legales.

Estas operaciones son ventajosas cuando se compra, una vez que ya se ha vendido a la empresa final. Especialmente si ya se ha cobrado por adelantado, evitando cualquier tipo de riesgo comercial. Si el medio de pago es distinto, pueden aparecer otro tipo de riesgos.

2   Actores de las operaciones triangulares

En una operación triangular participan un mínimo de tres empresas, localizadas cada una de ellas en países distintos.

- La empresa A (intermediaria) que vende primero a C y después compra a B.
- La empresa B (fabricante o distribuidor) que realiza la venta a la empresa A.
- La empresa C (compradora final) que compra a la empresa A.

Con este esquema solo hay un transporte del país del fabricante B al país del comprador final C. La empresa A compra a la empresa B para vender a la empresa C, actuando como intermediaria. Por lo tanto, hay tres países, tres empresas, dos contratos de compraventa y un solo transporte.

No obstante, otro posible esquema de operación triangular se da cuando una empresa exportadora adquiere componentes y artículos complementarios en distintos mercados –en países alejados de su centro de producción–, que ha de hacer llegar a su cliente en un mismo tiempo y de manera consolidada, junto con el producto que ella misma exporta, como si se tratara finalmente de una sola expedición.

3   Las empresas transitarias: la clave para la opacidad documental

Las facturas de la empresa intermediaria deben sustituir, en general, a las emitidas por la empresa fabricante, por lo que se debe tener muy en cuenta que estas no se entreguen al comprador.

Los datos que hay que incluir en la factura comercial de una operación triangular podrán ser los mismos que los de una operación directa, si bien a veces el comprador final puede solicitar más detalles respecto a los datos relativos al lugar de entrega de la mercancía u otros. En cualquier caso, los importes no coincidirán, ya que el valor de la venta a la empresa compradora final desde la intermediaria es superior al de la venta a esta por parte de la fabricante.

Solo si existe un elevado grado de confianza entre los actores, puede ocurrir que la identidad de la empresa fabricante no necesite ocultarse al cliente final; por ejemplo, si la intermediaria tiene una exclusividad con la fabricante de manera pública y contractual o si ambas pertenecen al mismo grupo empresarial (es el caso de las fábricas con oficinas comerciales). En estos casos, no hay inconveniente para la intermediaria en que la factura comercial contenga la dirección de entrega final de la mercancía. La factura de exportación coincidirá con la factura de importación utilizada para el despacho de aduanas en el destino y se generará una segunda factura de la empresa intermediaria a la fabricante a modo de comisión por la venta generada. Es decir, el cliente final abona a esta última el importe total y a su vez esta le da una comisión por la venta a la intermediaria.

No obstante, si la identidad de la empresa fabricante supone un inconveniente para la intermediaria, porque se quiere evitar que el cliente acuda a la fabricante directamente en próximas operaciones, entonces la factura comercial de exportación no coincidirá con la de importación en los datos de los actores, lo que conlleva que la intermediaria tenga que aportar esta última factura para poder realizar el despacho en destino. Para el despacho de exportación es suficiente con la factura de la fabricante, pero esta siempre debe indicar que la entrega es en el país del comprador final.

En general, el caso habitual suele ser cambiar las facturas, aunque solo sea para modificar los importes y las condiciones de pago. Lo más fácil es que la empresa intermediaria cobre de la importadora final la cifra completa de dicha venta en unas condiciones pactadas y pague a la fabricante un importe inferior por la mercancía con condiciones distintas.

4 Fórmulas de pago en operaciones triangulares

Los medios de pago y condiciones que se puedan pactar dependerán, por un lado, del grado de confianza que se tenga en la empresa fabricante de cara al suministro de la mercancía en las condiciones de tiempo, forma y calidad y, por otro lado, del grado de confianza que genere el comprador acerca de su capacidad de pago.

Si la confianza entre los actores es alta, pueden establecerse dos operaciones a crédito con días de vencimiento similares y, preferentemente, con cobro por la intermediaria anterior al pago a la fabricante.

Si los actores no se conocen, entonces es mejor recurrir a fórmulas de pago mediante documentos. Lo más seguro es acudir al crédito documentario.

Existen créditos documentarios transferibles, pero para utilizarlos debe figurar explícitamente este hecho, porque si no, lo que se sobreentiende es justo lo contrario, que es no transferible. Estos créditos son habituales cuando el primer beneficiario es un agente.

El primer beneficiario puede autorizar al banco intermediario a pagar, aceptar o negociar el crédito, total o parcialmente, a favor de un segundo beneficiario.

Al segundo beneficiario no se le da información del crédito original, por lo que hay que sustituir las facturas por las del primer beneficiario.

Lo normal es que al transferir un crédito se disminuya el importe del mismo, ya que los precios unitarios que hay que abonar al fabricante serán inferiores. Además, para poder generar el cambio documental de las facturas se necesita tiempo, por lo que el crédito inicial acortará seguramente el tiempo de embarque y la fecha límite de presentación de documentos, adelantando la fecha de vencimiento. En este cambio, el nombre del ordenante pasa a cambiarse por el del primer beneficiario.

Cuando el crédito no puede transferirse existe otra variante: el crédito subsidiario, llamado también *back to back*. En este, el beneficiario de un crédito documentario ordena la apertura de otro crédito, en el que ofrece como garantía el crédito ya abierto a su favor.

5   Operaciones pseudotriangulares

Las operaciones pseudotriangulares son aquellas en las que la empresa fabricante y la intermediaria están ubicadas en el mismo país.

En el caso de Europa, si el comprador final se halla en la UE, son intracomunitarias. Si el comprador está fuera de la UE, son extracomunitarias.

En las extracomunitarias, cuando la empresa fabricante y la intermediaria se encuentran en el mismo país de la UE, formalmente su operación está sujeta al IVA, aunque el comprador final esté en un tercer país fuera de la UE y, por lo tanto, la operación del intermediario al cliente final sí está exenta del IVA (porque las exportaciones así lo están). Sin embargo, a nivel fiscal se podría eludir de forma lícita el IVA de la primera venta si en el DUA figura como expedidor la empresa fabricante, de manera que pueda presentar la declaración de exportación como prueba de la exención.

Capítulo 14

Consideraciones prácticas

Cuando se han de tomar decisiones sobre algunos conceptos que atañen al transporte internacional, hay ocasiones en las que las áreas de dirección de empresas exportadoras negocian erróneamente las reglas Incoterms en sus contratos de compraventa, sin entender lo que se está acordando y las implicaciones que tendrá posteriormente.

Del mismo modo, hay empresas que tratan de ahorrar costos obviando la contratación de seguros, sin valorar adecuadamente el riesgo que ello conlleva.

Hay quienes piden una vez una cotización y simplifican posteriores estimaciones de costos de transporte, extrapolando el primer precio, sin entender los factores en juego. Por ejemplo, un flete a un destino asiático puede tener un precio muy reducido de exportación porque es el retorno de una demanda enorme de contenedores desde Asia con destino Europa.

De la misma manera, hay un perfil de empresas exportadoras que rechazan encargarse del transporte internacional porque no lo consideran su competencia distintiva, sin entender lo mucho que puede favorecerles dicha gestión: el valor añadido que se genera, el control sobre el transporte y el posible margen que se puede cobrar por la gestión.

Por último, hay quien no valora la forma de trabajo que se da en los puertos, sin entender gastos extraordinarios en los que se incurre si se cambian continuamente las instrucciones de embarque, o si se apura la llegada de las mercancías al puerto hasta el último minuto. Seguramente estos cargos no estaban contemplados en las cotizaciones, de manera que son gastos que a veces ya no son repercutibles, cuando posiblemente se hubieran podido evitar.

En las siguientes páginas se presentan recomendaciones que pueden ser de gran utilidad para los profesionales del comercio internacional y para las personas que quieren formarse en esta materia.

1   La regla Incoterms que se va a elegir

En general, para la exportación, las reglas Incoterms más recomendables en el transporte marítimo internacional son la EXW o las CIF/CFR.

La razón es que con ellas se puede decidir si la empresa exportadora queda aparte de la responsabilidad del transporte, como es el caso de la EXW, o si prefiere ser responsable del viaje desde sus instalaciones hasta el puerto de destino, encargándose por lo tanto del transporte desde sus instalaciones hasta el puerto de origen, del despacho de exportación y, sobre todo, del flete principal hasta el puerto de destino a través de una regla CIF/CFR (la diferencia entre ambas se halla en si se incluye adicionalmente la obligación de contratar el seguro o no).

La regla Incoterms más adecuada para la empresa exportadora puede ser la CIF, porque hace recaer en ella la selección de quién habrá de realizar el transporte principal y se asegura la disponibilidad de contenedores a tiempo. Pactando esta regla, la empresa exportadora coordina la carga y apura en caso de necesidad los días de carga hasta el *closing port,* se asegura alcanzar el barco objetivo y tiene el control absoluto del envío (su *tracking),* así como la verificación de la emisión de la documentación de aduanas, lo que es realmente importante cuando se gestiona un crédito documentario. También se asegurará la correcta recepción del ejemplar 3 del DUA, necesario para posibles inspecciones en las que haya que demostrar que los bienes salieron del territorio aduanero y que por ello se pudo facturar con exención del IVA. Además, la empresa transitaria cobrará de la exportadora, por lo que seguirá sus instrucciones con atención, ya que mantendrán una relación comercial estrecha.

La regla CIF tiene otras ventajas adicionales. La principal es que se genera un valor añadido al proporcionar al cliente un producto que se sitúa en su país, pues una vez saldada la aduana, queda pendiente solo un transporte local, fácilmente controlable para la empresa importadora, pues toda la gestión pendiente se lleva a cabo en su idioma y en su territorio, como si fuera una compra nacional.

Los productos se pueden vender unitariamente con precios CIF o con precios EXW, introduciendo aparte el cargo por el concepto de transporte en la factura.

En el caso de la regla CIF, generalmente, al precio de venta de cada producto se añade un porcentaje relativo a lo que supone el costo del transporte en el valor de la factura de un envío simulado. No obstante, facilitar esta lista de precios puede conllevar un abuso por parte de la empresa importadora, a través de pedidos configurados a la medida de cada necesidad concreta, sin agrupar unidades de carga completa como contenedores o camiones, generando pequeños grupajes que distorsionan todo el cálculo de costos de transporte que pasan a ser mucho más caros. A no ser que se especifiquen unidades de embalaje mínimas para los precios CIF indicados, no suele funcionar. La otra opción, que es incrementar el costo del grupaje a cada producto como si se enviara de manera aislada, tampoco es lo adecuado porque se eleva el costo del mismo innecesariamente y se pierde competitividad.

Es mejor hacer corresponsable a la importadora de la incidencia de los costos del transporte en la factura para que decida cómo y cuándo está dispuesta a pagar un extra por un envío parcial, debido a su posible urgencia y cuándo puede hacer pedidos más grandes y agrupar o almacenar para ahorrar costos. En este caso, lo mejor es que en la factura figure el precio EXW por cada producto unitario y el transporte aparte, repercutiendo su costo con un margen comercial. De esta manera, se puede mantener la competitividad negociando comercialmente los márgenes de venta del producto, como podría hacerse localmente y, por otro lado, se juega con un margen adicional proveniente del transporte. Este margen puede ser significativo, hasta de un 30 o 50 %. Una razón es que un transporte de exportación, es decir, contratado desde la empresa exportadora, tiene un agente menos en la cadena transitaria que si fuera de importación, es decir, aquel contratado por la importadora. Otra razón es que si la exportadora centraliza todo el transporte de las cargas de sus clientes o una buena parte de ellas se convierte en un centro de contratación e incrementa su poder de negociación, consiguiendo mejores tarifas y condiciones. Por ejemplo, una exportadora con alto volumen de compra puede obtener preferencia cuando hay escasez de contenedores; además, la empresa transitaria suele negociar por ella con la naviera o con conductores para retirar penalizaciones por paralización. Si en la aduana surgen gastos extras debido a huelgas en el puerto o debido incluso a guerras, la transitaria puede llegar a asumirlos.

Un envío bajo la regla CIF aboga por la responsabilidad corporativa, por crear un negocio local y dar sostenibilidad a las empresas cercanas. Realmente, la empresa cercana es la que más va a ayudar en caso de necesidad, la que va a empatizar más con su cliente y va a trabajar por y con él. El socio o *partner* adecuado es aquel que entiende las necesidades de la exportadora, la conoce, la visita y está a su lado en cada envío para que sea un completo éxito.

El uso de la regla Incoterms DDP es solo recomendable para el transporte en la Unión Europea por carretera, donde es asimilable a la DAP al haber libre circulación de mercancías entre los países. Básicamente, es una entrega puerta a puerta. En este caso concreto sí tiene mucho valor gestionar una regla DDP. Sin embargo, en el caso de exportación fuera de la UE por transporte marítimo, una DDP resulta equivocada. Es muy difícil tratar desde origen con las aduanas de terceros países a las que no se puede influir en ningún aspecto y de las que seguramente no se comprende su sistema administrativo. Tampoco se conoce a los agentes locales y es fácil ser engañado. Existen aduanas que retienen la mercancía sin ofrecer el despacho durante semanas, al mismo tiempo que solicitan, por otro lado, un cargo diario por los gastos de demora de aduana. A esto se suman los gastos de demora que cobra la compañía naviera por retener el contenedor sin liberarlo para siguientes cargas. ¿Cómo conocer desde el país de origen de la mercancía qué influencia se puede ejercer para agilizar el trámite? ¿Cómo controlar los costos sobrevenidos de una aduana sobre la que no se puede accionar ningún mecanismo de control ni entendimiento? Es mejor dejar la gestión de la aduana de destino para el cliente local, que entenderá el funcionamiento de sus autoridades mejor que la exportadora o, al menos, tendrá el grado de comprensión adecuado para sobrellevarlo.

El uso de la regla Incoterms FOB tampoco parece recomendable, ya que la empresa transitaria es seleccionada por el cliente (pues gestiona el transporte principal). Por consiguiente, la exportadora tendrá que atender a la disponibilidad de contenedores que indique la empresa transitaria contratada y coordinar una carga con ella sin poder marcar todas las instrucciones que desearía o que acostumbra. Además, dicha transitaria podría relajarse en la documentación, aunque no tendría por qué si se trata de profesionales con cualificación. No se puede garantizar que la empresa transitaria empatice con los problemas de la exportadora (por ejemplo, si sus cargas son complicadas o si necesita algo más de tiempo para cargar) y por todo ello puede ser penalizada. Además, es importante tener en cuenta que la empresa transportista cobra por la parte FOB lo que quiera, porque la que tiene el poder de negociación es ella. En el caso de un grupaje, sí puede la exportadora llevarlo a puerto con sus propios medios, pero en el caso de un contenedor completo solo se puede confiar en que la transportista seleccionada por la importadora sean excelentes profesionales y con visión comercial. Si hay abusos, lo mejor es trasmitirle la queja a la importadora para que medie o forzarle a cambiar la regla Incoterms.

2 Quién contrata el seguro

La contratación de un seguro a todo riesgo debería hacerla la empresa exportadora, o al menos, tener la certeza de que la importadora lo hizo. La razón es que el seguro es la única forma de garantizar que no se pone en juego el costo de la mercancía, además del costo del transporte y el seguro, incrementados con margen comercial del 10 %. Esto es una garantía que genera sostenibilidad futura, con una prima asumible.

¿Podría permitirse una empresa perder el importe total de un lote de contenedores transportados a un destino? La respuesta generalmente es no. Pero aunque la respuesta fuera afirmativa, es evidente que un daño semejante impactaría gravemente en la cuenta de resultados.

Por lo tanto, hay que certificar que la mercancía vaya asegurada, indiferentemente de la regla Incoterms que se utilice. Cuando es responsabilidad de la exportadora por la regla que se ha negociado, se debe hacer para garantizar la cobertura, puesto que en caso de daño, esta sería la responsable. Y cuando no es responsabilidad de la exportadora, o bien hay que asegurar que la importadora lo ha hecho, se debe pedir una copia de la póliza de seguro o un certificado de la aseguradora para evidenciar la contratación, o ante la duda, es conveniente contratar un seguro adicional.

A continuación se analizan distintos casos:

- Con una regla EXW no hay obligación de contratar un seguro, por lo que la exportadora es ajena a su contratación. Pero, ¿qué ocurriría si la importadora no lo contrata tampoco y hay un siniestro?

  Si el pago ya ha sido ejecutado, realmente supone un problema económico a corto plazo para la importadora, pero esta quedará disgustada y posiblemente esté en juego la continuidad de la relación comercial. En el caso de que el pago sea aplazado, el cliente se negará a abonar la mercancía porque, en su opinión, nunca le llegó. Habría que acudir a tribunales internacionales que mediaran para conseguir así el cobro, un proceso farragoso y lento que en cualquier caso minará la relación entre ambas partes.

  En conclusión, hay que velar para que la mercancía viaje asegurada, aunque no sea estrictamente responsabilidad de la exportadora.

- En una regla CIF el seguro lo debe contratar la empresa exportadora. Por lo tanto, la única opción es hacerlo. Además, la beneficiaria que debe constar será la importadora. Si hubiera un siniestro y se hubiera cobrado ya el valor de la mercancía, el cliente cobraría la indemnización que cubre el gasto. La forma de ayudar al cliente sería una reposición lo más urgente posible. Si no se hubiera cobrado porque, por ejemplo, el pago es a través de un crédito documentario, entonces, el seguro queda en manos de la exportadora para presentarlo en la valija documental, asegurar su cobro y luego la importadora, con la póliza, reclama la indemnización de la que es beneficiaria.

3 Cómo se establecen los costos de exportación

Es habitual tratar de confeccionar tablas sobre costos de transporte, incluyendo los proveedores que se emplean.

Se puede calcular el costo total de cada producto si se conoce su escandallo y se aplican, por un lado, los ratios de compra de materiales actualizados y, por otro, el cálculo del costo de las operaciones; algo relativamente fácil solo si se dispone de tiempo y costo de mano de obra.

En cualquier caso, para estimar el costo total de una exportación hay que sumar a este costo, el de transporte, el de seguro y el de aduana. A todo ello, se le aplicará el margen previsto en la política comercial.

En el transporte por carretera se reciben tarifas, normalmente anuales, con el costo del camión completo; o grupajes en función de los metros lineales ocupados de camión o de los metros cúbicos que se necesitan según el cálculo estudiado de peso convertible.

Sin embargo, en el transporte marítimo las variables que intervienen hacen que el costo difiera mucho de un tránsito a otro y por ello se piden cotizaciones puntuales para cada envío. Es decir, no hay tarifas como en el transporte por carretera.

Es importante tener en cuenta ciertas consideraciones:

- Lo primero es el equipo. El precio no es el mismo para equipos cerrados que para equipos especiales como los contenedores sin techo *(open top)*, que se cargan con algún sistema de elevación. Estos últimos pueden costar incluso un 50 % más que un contenedor cerrado *(box)*. Pero lo peor de todo es su escasa disponibilidad. A veces no hay equipos disponibles en las siguientes seis semanas, por lo que la búsqueda puede estar más enfocada en encontrar un contenedor para cargar en una semana concreta que en su precio.

- Un mismo tránsito con una misma naviera depende aproximadamente de diez factores que se incluyen en la cotización. Los que más influyen en el precio varían cada mes y son el flete *(freight)* y el ajuste de combustible (BAF *[bunker adjustment factor]*). Ambos suelen valorarse en dólares, por lo que el cambio de divisas puede tener un cierto impacto y, además, este último depende totalmente del precio del petróleo, por lo que son conceptos altamente volátiles, con mucha variabilidad. Pueden llegar a cambiar de un mes a otro hasta en un 50 %.

- Para un mismo origen y destino, hay distintas navieras (unas más fiables en su hora prevista de llegada o ETA *[expected date of arrival]* que otras), hay distinta frecuencia de salida (las hay con salidas semanales, pero también con frecuencias más dilatadas o con un alto grado de cancelación de barcos), y sobre todo distintos tiempos de tránsito *(transit times)* (puede haber diferencias de 24 a 44 días para un mismo recorrido). Por otro lado, pueden existir barcos directos o con escalas. Esto último es más barato pero su plazo es sensiblemente peor. Si en un sector o para un cliente el tiempo desde que se carga hasta que llega a destino es vital, es seguramente preferible pagar un poco más por una línea que ofrezca el menor tiempo de llegada.

- Cuando hay un crédito documentario en la operación, a veces se producen restricciones en el clausulado respecto a la naviera que hay que contratar, por lo que esta limitación impuesta restringe las posibilidades a la hora de tomar la decisión.

- Además, si lo que se negocia son solo precios utilizando las reglas Incoterms CFR o CIF (precios hasta el puerto de destino, incluyendo gastos FOB a un puerto nacional con despacho de exportación, más el transporte marítimo), se desconocen los precios de despacho de importación, el costo de aduanas, los impuestos o tasas del país para la importación, más el transporte local *(inland)*. La razón es que estos gastos los gestionará la empresa importadora, bien con un agente en el destino que tome el material del puerto y lo lleve a sus almacenes o a obra, o bien con la empresa transitaria que haya hecho el transporte internacional.

Como conclusión, es conveniente que la exportadora ofrezca siempre ayuda a su cliente para localizar los contenedores disponibles en la fecha de carga y con precios competitivos. La importadora chequeará con sus transportistas locales si hay ofertas mejores, pero habitualmente la de la exportadora será mejor, aun cargada con un margen comercial. Por eso, será la exportadora quien seleccione a la empresa transportista, la que negocie con ella y coordine el transporte internacional.

Es recomendable llevar una tabla de control y seguimiento de cada porte contratado, ligándolo a la cotización recibida, para ayudar a validar las facturas de transporte según lleguen. Esta tabla servirá, además, como orientación al equipo comercial de exportaciones en sus ventas.

4 Cómo son las paralizaciones en el puerto

Cuando un contenedor llega al puerto no puede ir sin un destino específico. Debe tener una reserva para un buque en concreto (familiarmente llamado «estar buqueado»), el cual llevará asociado una salida en una fecha determinada hacia un destino.

Si no se ha podido hacer el despacho a tiempo del contenedor y este no puede embarcar, quedará a la espera del siguiente barco con el mismo destino.

Figura 14.1. Grúa pórtico para contenedores buque-tierra tipo *feeder* en el muelle de una terminal.

Si una vez en el puerto la empresa exportadora no desea embarcar porque quiere evitar una llegada al destino antes de tiempo (lo que comportaría el pago del almacenaje en aquella aduana), esto conllevaría, en cualquier caso, unos gastos en el puerto de origen. Estos gastos son:

- Costo de sobreestadía en el puerto o *demurrage:* cada puerto cobra a las navieras por la ocupación de la superficie utilizada.
- El alquiler de un contenedor paralizado o *detention.*
- Movimiento de pilas: si el contenedor estaba apilado para ser cargado en el buque y debe ser quitado de la pila, puesto aparte y, una vez cargado el buque y embarcado, vuelto de nuevo a la pila del siguiente embarque.

Otro caso distinto es que las navieras, en general, desean que el contenedor llegue al puerto de embarque en el buque reservado, por lo que muchas veces, no dejan despachar hasta que el contenedor entra en el puerto. Con esto evitan tener un material despachado que al final no llegue a tiempo a la salida del barco. Por eso, o no lo permiten o multan si sucede.

También existen paralizaciones en el puerto de llegada a las que hay que sumar los gastos de demora en la aduana.

Hay que recordar también que para cargar y descargar los contenedores hay unas horas previstas y que fuera de las horas incluidas se cobrarán paralizaciones.

Aplicación de las enmiendas al Convenio SOLAS

1   ¿Qué es el Convenio SOLAS?

SOLAS es el acrónimo de *Safety of Life At Sea,* el Convenio Internacional para la Seguridad de la Vida Humana en el Mar. La primera tarea de la Organización Marítima Internacional (OMI), cuando se creó en 1959, fue adoptar una nueva versión del Convenio SOLAS. Este convenio es el más importante de todos los tratados sobre la seguridad marítima, en concreto sobre la seguridad de los buques.

La primera versión fue aprobada en 1914, en respuesta a la catástrofe del *Titanic.* La que está en vigor es la elaborada en 1974.

De la web www.imo.org se extrae: «El objetivo principal del Convenio SOLAS es especificar normas de construcción, equipamiento y explotación de buques para garantizar su seguridad y la de las personas embarcadas».

2   Nuevas enmiendas al Convenio SOLAS

Para los países firmantes del Convenio SOLAS, en 2016 hubo una nueva resolución relativa a la masa bruta de los contenedores, la cual obliga a la empresa expedidora a suministrar a la transportista *(carrier)* o a la terminal portuaria el **peso (masa bruta) verificado del contenedor,** también conocido por las siglas **VGM** *(verified gross mass).* Este dato no figura en el conocimiento de embarque *(bill of lading* o B/L), porque no es uno de sus requisitos, sino que se ha de enviar por correo electrónico a la compañía transportista y esta lo debe remitir a la terminal de contenedores.

Si un contenedor llega al puerto de salida y no ha suministrado esta información **no podrá ser embarcado.** Aunque no hay fijadas sanciones adicionales de manera general, los contenedores podrían llegar a quedar retenidos o retornados e incluso sufrir alguna sanción si así lo estima la autoridad competente. Lo que sí está claro es que cualquier gasto sobrevenido por el incumplimiento de esta obligación recaerá sobre la empresa expedidora (costes de inspección, costes de estadía en puerto, etc.), además de retrasar el embarque de la mercancía.

Los contenedores que se transporten entre puertos nacionales (es decir, el tráfico de cabotaje) pueden no requerir la especificación del peso verificado del contenedor previamente a ser embarcados, dependiendo del país.

En general, se negará el embarque de todo contenedor cuyo VGM resulte superior a su masa bruta máxima autorizada (MGM, *maximum gross mass*). La MGM es la masa bruta máxima de un contenedor y no depende del país. Este dato figura en su placa CSC y también viene rotulado en la puerta. Que un contenedor admita una masa determinada no significa que la naviera lo permita –ya que puede restringir la MGM por razones logísticas del puerto de embarque o desembarque o de la ruta–, ni tampoco que posteriormente pueda circular por carretera. Son conceptos distintos.

3 Qué es el peso verificado del contenedor o VGM

Es el peso de la carga, es decir, la masa bruta de la mercancía con embalaje incluido, así como de los elementos de amarre o trincaje más la tara del contenedor.

4 Cómo se obtiene el VGM

Existen dos métodos de pesaje permitidos, que puede llevar a cabo la expedidora o una tercera entidad acreditada:

1. Pesar el contenedor lleno.
2. Pesar la carga total que va en el interior del contenedor y luego sumársela a la tara de este, que aparece en la puerta del contenedor. Hay que indicar a la empresa transportista *(carrier)* o a la terminal portuaria los dos datos por separado y luego en conjunto. Si no figurase la tara en la puerta del contenedor, se puede buscar en la web de VGM mediante el número de registro del contenedor.

5   Qué tarifas de pesaje existen

Las empresas transitarias ofrecen unas tarifas por el servicio de pesaje del contenedor lleno, que pueden ser fijas o tener algún tipo de fluctuación. En general, no hay lugares de pesajes oficiales fuera o dentro del recinto portuario.

6   Objeciones al primer método de pesaje

Para el pesado del contenedor lleno es probable que no se utilice una báscula de grúa que aguante entre 20 y 25 toneladas (t), sino un báscula puente sobre la que se posicione el camión cargado, por lo que habrá que restar el peso del camión, chasis y combustible. La dinámica habitual consistirá en pasar por la báscula antes y después de la carga. Este sistema puede generar retrasos si existe congestión en el punto de pesaje.

7   Objeciones al segundo método de pesaje

Los equipos de pesaje o balanzas empleados deben estar calibrados de acuerdo con los estándares de precisión y normativa nacional.

Este método para el cálculo del VGM debería aparecer en un sistema de calidad certificado según la norma ISO 9001 o un estándar de calidad equivalente. El alcance debe incluir los procesos de control y trazabilidad de la información del peso de los elementos del contenedor lleno, sin excluir el control y la calibración de los equipos de medida del peso de las mercancías.

Todo esto deberá estar acreditado por Entidad Nacional de Acreditación (ENAC) u otra entidad reconocida por esta. Por lo tanto, es necesario revisar el estado de los equipos de pesaje de la empresa que preste el servicio de pesaje.

8   Puntos clave para la empresa exportadora

8.1   Antecedentes

Esta enmienda al Convenio SOLAS parte de antecedentes de accidentes en barcos debidos a que las empresas expedidoras declaraban menos peso del real. Uno de los accidentes de mayor relevancia producido por esta anomalía fue el caso del portacontenedores MSC Napoli en 2007. En auditorías llevadas a cabo en diferentes ocasiones, con motivo de determinar el grado de exactitud de las declaraciones de pesos, se han llegado a detectar desviaciones de hasta 20 t.

8.2   Momento de comunicación del VGM

Con las nuevas enmiendas es obligatorio que la expedidora (según consta en los B/L) proporcione el VGM a la naviera con tiempo suficiente para que esta se lo remita a la terminal portuaria y el capitán del barco pueda hacer el plano de estiba general.

Las empresas transitarias no concretan generalmente con cuánto tiempo de antelación al embarque se debe enviar el VGM, ya que varía en cada caso porque depende de la naviera y de su protocolo para el Convenio SOLAS. No obstante, suele ser anterior a la fecha de cierre del embarque.

El VGM debería enviarse antes de que el contenedor llegue al puerto de salida. Esto permite la posibilidad de pesarlo en la carga siempre que se cumpla con los días de antelación al embarque que exija la preparación del plano general de estiba del barco.

Por lo tanto, no hay una restricción clara del tiempo de antelación y dependerá del puerto y de los servicios que este ofrezca, así como de las propias navieras y capitanes. De hecho, si el contenedor llegara al puerto sin haber enviado el VGM, existe la posibilidad de que haya puertos (aquellos con mejor equipamiento) que podrían admitirlo, aunque otros no lo harán. Aquellos que sí lo admitirían podrían incluso pesarlo allí, de mutuo acuerdo con las exportadoras, como un servicio comercial, si peligra la puntualidad en la salida del barco.

8.3   Declaración del VGM

Se debe entregar a la naviera un documento con información acerca de la identificación de la empresa, los datos del contenedor, el peso verificado y el método de pesado utilizado (de entre los dos posibles). No hay ningún formulario oficialmente reconocido, aunque algunas navieras disponen de uno propio. Si la naviera no reconoce un formato tipo, lo mejor es confeccionar un documento que comprenda el mayor número de datos solicitados. Después de esta reforma del Convenio SOLAS, la estimación de peso ya no está permitida.

En la figura 1 se ofrece una propuesta de declaración del VGM, aunque puede haber navieras que soliciten a la empresa expedidora la cumplimentación de un modelo propio.

Al margen de la declaración, las compañías navieras podrían solicitar adicionalmente otra información, como el sistema de pesaje que se ha utilizado, el número de serie, etc. En el caso de la UE, deberá ser un sistema homologado (se puede denominar *used scale)*. La naviera también podría pedir que se anoten textos como *«Calibrations performed under ISO 9001 Quality Standards»*, o bajo la normativa que corresponda. Asimismo, podría solicitar copia del certificado del sistema de gestión de calidad según la norma ISO 9001 (u otro sistema de calidad equivalente) en lo relativo al control, la trazabilidad del peso de los elementos del contenedor, y el

XX/XX/2020	Madrid

DECLARACIÓN DE PESO VERIFICADO DEL CONTENEDOR
Enmiendas al Convenio SOLAS, sobre la Información de la carga,
de aplicación desde 1 de julio de 2016

La expedidora XXXXXXXXXXX, con NIF/RUC X-00000000, con número de EXPORTADOR AUTORIZADO XX/00000000, DECLARA los siguientes datos tras pesar en sus instalaciones los contenedores mencionados a continuación:

Datos del contenedor	Código alfanumérico
Datos del precinto	Código alfanumérico
Masa bruta verificada (VGM)	Suma peso materiales + tara contenedor
Peso bruto materiales	En kilogramos
Masa de la tara del contenedor	En kilogramos
Fecha y lugar de carga	Fecha y lugar de carga
Datos de la reserva *(booking)*	Los facilita el transitario
Método empleado para la obtención del VGM del contenedor lleno:	Método 1 o 2 del apartado Noveno de la Resolución de 31 de mayo de 2016 del Director de la Marina Mercante, relativa a la verificación de la masa bruta de los contenedores.

Firmado y sellado por el responsable de carga:

Figura 1. Ejemplo de declaración del VGM.

control y la calibración de equipos. Pero esto no sería más que una comprobación de una responsabilidad que corresponde a la empresa exportadora.

Igualmente, se podría requerir en la declaración el nombre y domicilio de la expedidora. En el caso de que un tercero haya hecho la verificación, entonces se requerirían los datos de ambos, sin embargo, sería suficiente si se identifican de manera inequívoca.

8.4   Cuándo no se aplica el VGM

La norma relativa al VGM, así como la obligatoriedad de un pesaje correcto, no se aplica en los siguientes casos:

- Contenedores llenos sobre un chasis o tráiler (carga rodada) para transporte en buques ro-ro *(roll on-roll off),* para tráficos marítimos de corta distancia.
- Contenedores vacíos.
- Tráfico de cabotaje.

9   Puntos pocos definidos para la empresa exportadora

9.1   La tolerancia

La tolerancia es establecida por cada país. En España, por ejemplo, se considera como discrepancia diferencias mayores de 500 kg entre el VGM y el pesaje obtenido por la instalación portuaria en contenedores cargados con hasta 10 t, y variaciones de más de un 5 % para los contenedores de más de 10 t. Las diferencias pueden ser por exceso o por defecto.

9.2   Certificaciones

Algunos de los aspectos de las certificaciones no están concretados de una manera general, como por ejemplo:

- Qué certificación se debe pedir a la empresa proveedora del servicio de pesaje, si este se subcontrata.
- Qué calibración de peso y metodología se aprueba.

- Lugar y momento del pesaje.
- Formalidades de documentación y comunicación de resultados.
- Consecuencias de las discrepancias si se hallaran.

9.3 La regla Incoterms asociada al nuevo costo

El VGM es responsabilidad del expedidor que figura en el conocimiento de embarque. Es difícil vincularlo a las reglas Incoterms, porque depende de las instrucciones de embarque que facilite quien contrate el flete marítimo.

La obligación de proporcionar, bajo petición y a riesgo y expensas de la parte compradora, cualquier información en poder de la parte vendedora que se exija para la acreditación de la seguridad de la mercancía es siempre de la vendedora. En el caso de la regla Incoterms EXW, aunque el VGM es obligación de esta, como en el resto de reglas, el costo es a cargo de la compradora, por lo que se le podría repercutir, habiéndolo negociado previamente y fijado en el contrato de compraventa.

Bibliografía

Claves de la economía mundial, ICEX, Madrid, 2002.

Código de Buenas prácticas para la estiba segura de la carga en el transporte por carretera, Umberto De Pretto, Martin O'Halloran y Marten Johansson, IRU, Ginebra, 2014.

Crédito documentario. Guía para el éxito en su gestión, Cristina Peña Andrés y Amelia de Andrés Leal, Marge Books, Barcelona, 2015.

Funcionamiento y Financiación de las operaciones triangulares, Pedro Serantes Sánchez, ICEX, Madrid, 1996.

Gestión financiera del comercio internacional, Josep Mª Casadejús, Marge Books, Barcelona, 2014.

Guía de trámites y documentos de exportación, ICEX, Madrid, 2015.

Guía documental para exportar e importar. Los 12 documentos clave, Alberto García Trius, Marge Books, Barcelona, 2016.

Guía Europea de mejores prácticas sobre sujeción de cargas para el transporte por carretera, Comisión Europea.

Guía para la pyme exportadora: aduanas, logística e inspección, Arola, Taric y Aenor, Aenor Ediciones, Madrid, 2015.

Guía riesgo país, COFACE y Deusto, 2003.

Logística internacional. Una herramienta para la competitividad, Alfonso Cabrera Cánovas, Cuadernos básicos del ICEX, Madrid, 2014.

Los 100 documentos del comercio exterior, Albert García Trius, Global marketing strategies, 2009.

Manual de gestión aduanera. Normativas del comercio internacional y modelos de integración económica, Pedro Coll, Marge Books, Barcelona, 2015.

Manual práctico de comercio exterior-para saber cómo vender en el exterior, Miguel Ángel Martín Martín y Ricardo Martínez Gormaz, Fundación Confemetal, Madrid, 2011.

Negociación intercultural. Estrategias y técnicas de negociación internacional, Domingo Cabeza, Carlos Jiménez, Pelayo Corella, Marge Books, Barcelona, 2013.

Regímenes aduaneros económicos y procesos logísticos en comercio internacional, Pedro Coll, Marge Books, Barcelona, 2012.

Transporte internacional de mercancías, Alfonso Cabrera Cánovas, ICEX, ,2011.

Transporte internacional de mercancías. Aspectos prácticos, Alfonso Cabrera Cánovas-ICEX, Madrid, 2012.

La Industria 4.0 en la sociedad digital
Antoni Garrell Guiu, Llorenç Guilera Agüera

Cerebro, inteligencias y mapas mentales
Zoraida G. de Montes, Laura Montes G.

**Cómo hacer de la cadena de suministro
un centro de valor**
Angel Caja Corral

Cadena de suministro 4.0
Alberto Tundidor, Eva Hernández, Cristina Peña,
Javier Martínez, Javier Campos, Carlos Hernández

El crédito documentario y el mensaje SWIFT
Luis Sánchez Cañizares

**La investigación en seguridad. Del Titanic
a la ingeniería de la resiliencia**
Jaime Rodrigo de Larrucea

Manual del comercio electrónico
Eva María Hernández Ramos, Luis Carlos Hernández Barrueco

**Sales and operations planning.
S&OP in 14 steps**
Cristina Peña Andrés

Economías transformadoras de Barcelona
Ruben Suriñach Padilla

**Planificación de ventas y operaciones.
S&OP en 14 claves**
Cristina Peña Andrés

Cómo participar en ferias comerciales
Cristina Peña Andrés

Manual de prevención de riesgos laborales
Blas Gómez

La economia social y solidaria en Barcelona
Ivan Miró, Anna Fernàndez

Negociación para el comercio internacional
Cristina Peña Andrés

Manual del manipulador de alimentos
Blas Gómez

La economía social y solidaria en Barcelona
Anna Fernàndez, Ivan Miró

Manual de seguridad en el trabajo
Marge Books

**Cómo innovar en las pymes.
Manual de mejora a través de la innovación**
Alberto Tundidor Díaz

**Guía documental para exportar e importar.
Los 12 documentos clave**
Alberto García Trius

**Mass customization.
Las claves de la personalización masiva**
Blas Gómez Gómez

**Crédito documentario. Guía para el éxito
en su gestión**
Cristina Peña Andrés, Amelia de Andrés Leal

Guía práctica de las reglas Incoterms® 2010
David Soler

**Certificación Lean Six Sigma Green Belt
para la excelencia en los negocios**
Lean Six Sigma Institute, SC

**Certificación Lean Six Sigma Yellow Belt
para la excelencia en los negocios**
Lean Six Sigma Institute, SC

**Negociación intercultural. Estrategias
y técnicas de negociación internacional**
Domingo Cabeza, Pelayo Corella, Carlos Jiménez

**Las reglas Incoterms® 2010. Manual para
usarlas con eficacia**
Alfonso Cabrera Cánovas

**Regímenes aduaneros económicos y procesos
logísticos en el comercio internacional**
Pedro Coll

**Inglés náutico normalizado para
las comunicaciones marítimas**
José Manuel Díaz Pérez

Shipping & Commercial Case Law
Albert Badia

Gestión medioambiental en la industria
José M.ª Suris

Gestión financiera del comercio internacional
Josep M.ª Casadejús

**Manual de gestión aduanera. Normativas
del comercio internacional y modelos
de integración económica**
Pedro Coll

Los abordajes en la mar
Carlos F. Salinas

**El desorden sanitario tiene cura.
Desde la seguridad del paciente hasta
la sostenibilidad del sistema sanitario
con la gestión por procesos**
Rajaram Govindarajan

**Gestión y liderazgo en una empresa
de seguros**
Simón Mahfoud y Digna Peña